Bernd Sternal
Wolfgang Braun

Burgen

und

Schlösser

der Harzregion

Band 2

Sternal Media

Bibliografische Information der Deutschen Nationalbibliothek
Die Deutsche Nationalbibliothek verzeichnet diese Publikation in der Deutschen Nationalbibliografie; detaillierte bibliografische Daten sind im Internet über dnb.d-nb.de abrufbar.

Impressum:

© 2012 Bernd Sternal
Herausgeber: Verlag Sternal Media
Lektorat: Dr. Detlef Schünemann
Gestaltung und Satz: Sternal Media, Gernrode
 www.sternal-media.de
 www.harz-urlaub.de

Umschlaggestaltung: Sternal Media
Titelbild: Ahlsburg im Eckertal, Wolfgang Braun, Lisa Berg
Kartenzeichnungen: Hermann Wäscher, Friedrich Stolberg, F.W. Krahe, Paul Grimm,
Dr. Alfred Tode, Detlef Schünemann, Heike Heindorf, Lisa Berg
Rekonstruktionszeichnungen: Wolfgang Braun, Hermann Wäscher
Abbildungen (weitere): siehe Untertitel
Fotos: Bernd Sternal

6. überarbeitete Auflage April 2016
ISBN: 978-3-8423-7730-1
Herstellung und Verlag:
BoD - Books on Demand, Norderstedt

Vorwort

Weit in die vorgeschichtliche Zeit hinein können die ersten Wall- und Fluchtburgen datiert werden. Ständig liefern uns dazu die Archäologie und andere Wissenschaften neue Erkenntnisse. Bis weit in die Frankenzeit hielten die sächsischen Stämme an dieser Schutzstrategie ihrer Dörfer und Siedlungen fest. Diese Wallburgen lagen an exponierten Stellen in der Ebene oder auf den Randbergen des Harzes. Zuerst entstanden dann in fränkischer Zeit im Süden des Harzes befestigte Herrenhöfe (urbs, castellum), die an königstreue Vasallen als Lehen gegeben wurden.

Als Heinrich I. die Königswürde für die Sachsen von den Franken übernahm, wurde das Reich alsbald von den Ungarn bedroht. Er ordnete an, dass jeder neunte wehrfähige Mann in einer Burganlage (burgum) zu wohnen habe. Gleichzeitig setzte er eine Burgenbauordnung in Kraft, wodurch eine neue Burgenentwicklung einsetzte. Der König selbst ging mit gutem Beispiel voran, ließ die Quitilingaburg oberhalb seines angestammten Wirtschaftshofes an der Bode erbauen und verlegte dorthin seine Residenz.

Aus den einstigen Ministerialen entwickelten sich zu jener Zeit kleine und große Dynasten, Gau-, Pfalz- und Burggrafen sowie andere Herren, die sich aus den reichen Harzlanden, die zuvor königlicher Besitz waren, eigenen Besitz anzueignen wussten. Sie alle folgten dem königlichen Beispiel und bauten sich Burgen, um ihr neu erlangtes Eigentum zu schützen und zu verteidigen. Dabei blieb kaum ein sturmfreier Platz, eine Bergnase, ein Flusstal oder eine andere strategische Position unbebaut.

Dienten diese Festen zuerst der Sicherheit, so wurden sie im Spätmittelalter zu Rittersitzen umfunktioniert. Ursprünglich waren die Burganlagen mit Palas, Kapelle, Bergfried und Burgmannenherbergen erbaut, die von einer Ringmauer umgeben waren. Nun folgte eine umgekehrte Entwicklung.

Am Fuße der Burgen erfolgte die Gründung von Wirtschaftshöfen. Auch die Burgen selbst wurden umgestaltet und veränderten sich. Die einstigen einzeln errichteten Schutz- und Wehrbauten begannen zusammen zu wachsen, es entstanden Festsäle und Repräsentationsräumlichkeiten. Aus den einstigen Burgen begannen sich Herrensitze und repräsentative Schlösser zu entwickeln. Zu den Wirtschaftshöfen kamen Vorwerke hinzu und aus den kleinen Siedlungen begannen sich Dörfer und Städte zu entwickeln, die oftmals den Namen der sie schützenden Herrenburg übernahmen.

Viele der früh- und hochmittelalterlichen Burgen wurden in den ständig stattfindenden Kriegen und kriegerischen Auseinandersetzungen jener Zeit zerstört, einige wieder aufgebaut, die meisten aber nicht. Erst später, zum Ende des Mittelalters hin änderte sich diese Strategie des „Burgenschleifens", die Sieger übernahmen die eroberten Burganlagen. Die meisten dieser Burgen und Schlösser sind uns bis heute erhalten geblieben, aber einige davon wurden dann doch aufgegeben und fielen dann dem Zahn der Zeit zum Opfer. Die Steine dieser Burgen und Schlösser finden wir heute in den Dörfern und Städten wieder. Sie waren willkommenes Baumaterial für die Bevölkerung, daher sind viele Ruinen bis auf die Grundmauern abgetragen. Die überlebenden Burgen und Schlösser stehen heute unter Denkmalschutz, werden gehegt und gepflegt, damit sie auch unserer Nachwelt noch lange erhalten bleiben.

Bernd Sternal, August 2011

„Das Buch füllt eine wahre Lücke; es ist für Jedermann, besonders aber auch für Touristen äußerst nützlich, da die Werke von H. Wäscher, P. Grimm und F. Stolberg nicht mehr erhältlich sind. Am besten haben mir die Rekonstruktionszeichnungen gefallen! Ihr gut bebildertes Buch verdient eine weite Verbreitung!"

Dr. Detlef Schünemann, ehem. Bodendenkmalpfleger und Burgenfreund aus Verden im August 2011

Inhalt

5

Inhalt

Die Kaiserpfalz Goslar im Harz

Es heißt, Kaiser Heinrich III. habe das Weihnachtsfest oft in Goslar gefeiert. So jedenfalls berichtet eine alte lateinische Chronik: „Rex nativitatem Domini Goslariae celebravit ...". Zu jener Zeit, um 1050, war das am Fuße des Rammelsberges gelegene Kaiserhaus zu Goslar der wohl „berühmteste Wohnsitz" des Römischen Reiches Deutscher Nation. Auch, oder gerade weil seitdem schon tausend Jahre vergangen sind, hat diese Stätte früher deutscher Geschichte eine besondere kunsthistorische Bedeutung erlangt.

In dem Sog der kaiserlichen Bautätigkeit sowie der Entwicklung zum „Reichszentrum" entlang des breiten Tales der Gose entstanden, vor der beeindruckenden Kulisse des steil ansteigenden Nordharzrandes, viele romanische Bauwerke. Das Kaiserhaus von Goslar hat die Jahrhunderte natürlich nicht spurlos überstanden, hat viel Ungemach erleiden und sich zahlreichen Wandlungen anpassen müssen. Aber bis heute spiegelt die Kaiserpfalz die ursprüngliche Größe und Macht des deutschen Kaisertums wider.

Zwischen den Jahren 1005 und 1015 wurde unter Kaiser Heinrich II. eine erste Anlage errichtet und als Folge die Pfalz Werla nach Goslar verlegt. Allerdings folgte bereits zirka 1040 bis 1050 ein kompletter Neubau der Pfalz unter Heinrich III., dem der Bau seines ottonischen Vorgängers nicht standesgemäß erschien. Auch ließ der Salier Heinrich östlich des Palas ab 1047 die Stiftskirche St. Simon und Judas erbauen.

Leider wurde dieses eindrucksvolle Gotteshaus im Stil einer Basilika wegen Bau-fälligkeit im Jahr 1819 fast gänzlich abgerissen. In dieser Stiftskirche stand einst-mals der berühmte Kaiserstuhl, mit seinen reliefgeschmückten Steinschranken und den rankenverzierten

Bronzelehnen, auf dem – als Thronsessel – im Jahr 1871 Kaiser Willhelm I. im Berliner Schloss den ersten Reichstag des neuen Deutschen Reiches eröffnete. Von diesem einst beeindruckenden „Dom", den Heinrich Heine bei seiner Harzreise 1824 nur noch als Trümmerhaufen vorfand, steht heute nur noch eine nördliche Vorhalle.

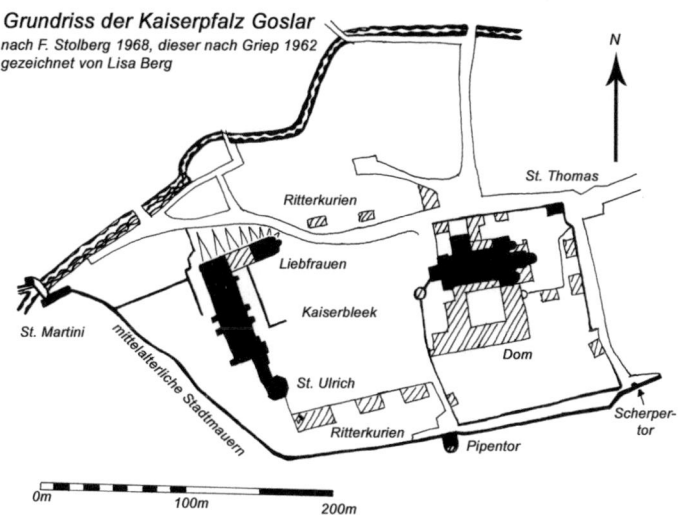

Grundriss der Kaiserpfalz Goslar
nach F. Stolberg 1968, dieser nach Griep 1962
gezeichnet von Lisa Berg

Sie wurde erst um das Jahr 1150 zur Stiftskirche hinzugefügt, und heute bewahrt sie den nach Goslar zurückgekehrten Kaiserthron.

Ende des 11. Jahrhunderts bis Anfang des 12. Jahrhunderts kam dann noch die St. Ulrichs-Kapelle hinzu. Bis etwa zum Jahr 1188 folgten dann weitere Um-, Aus- und Neubauten zum heutigen Gesamtbild staufischer Prägung. Um 1220 wurde dann noch der imposante Treppenvorbau durch Friedrich II. errichtet. Ab Mitte des 13. Jahrhunderts nahm die Bedeutung von Goslar und des Kaiserhauses, wie auch die des gesamten Harzes, stark ab. Der letzte Königsbesuch auf der Pfalz fand 1253 durch Wilhelm von Holland statt. Im Jahr 1289 wütete ein schwerer Brand in der Pfalz, dem das „Jüngere Wohngemach" zum Opfer fiel: Dieses wurde nicht wieder aufgebaut. Das Ereignis war wohl der endgültige Todesstoß für die Kaiserpfalz Goslar.

Bereits im Jahr 1354 wurde die St. Ulrichs-Kapelle zum Vogteigefängnis umfunktioniert. Ab dem 18. Jahrhundert diente das ehemalige Kaiserhaus dann nur noch als Lagerhaus. Teile

9

des Bauwerks, so am Südflügel, wurden abgerissen und durch Fachwerk ersetzt. Tiefstand! Aber die stolze Stadt Goslar besann sich schnell eines Besseren. Ab 1868 wurde der ursprüngliche Zustand mühevoll wieder hergestellt. Im Jahr 1897 war alles fertig, die Stadt nutzte den geschichtsträchtigen Gebäudekomplex für Verwaltungs-, Ausstellungs- und Repräsentationszwecke. Das Kaiserhaus zu Goslar, ein zweigeschossiger grauer Palas, etwa 54 Meter lang und 18 Meter breit, ist heute Weltkulturerbe. Um das riesige Mittelfenster sind beidseitig je drei durch Säulen unterteilte und getragene Rundfenster angeordnet. Der ausladende Giebel eines Querschiffes über dem Mittelfenster und ein gewaltiges Steildach, gedeckt mit blauem Schiefer, krönen das majestätische Gebäude. Im ersten Stock, hinter dem Mittelfenster, befindet sich der zweigeschossige Kaisersaal. Er war etwa zwei Jahrhunderte die „politische Bühne" des Kaiserreiches und seine Größe von 47 x 15 Meter ist königlich. Dem Mittelfenster gegenüber, an der geschlossenen Saalrückwand, stand einstmals der legendäre Kaiserthron.

Auf ihm wird auch Kaiser Friedrich Barbarossa gethront haben, als Heinrich der Löwe Goslar und den Rammelsberg einforderte, aber nicht erhielt. Darunter, im Untergeschoss, liegt ein zweiter Saal gleicher Größe, der dem niederen Gefolge vorbehalten war. Einiges ist bei der Komplettrestaurierung der Kaiserpfalz in der zweiten Hälfte des 19. Jahrhunderts nicht originalgetreu wiederhergestellt worden. Heutige Kunsthistoriker und Denkmalschützer kritisieren dies als „diverse Bausünden".

Ich sehe nur eine Restaurierung, die dem damaligen Zeitgeist folgte, so wie auch wir heute dem Zeitgeist Rechnung tragen müssen und folgende Generationen es auch tun werden. Besonders die monumentalen historischen Wandgemälde im Inneren des Gebäudes, die von Prof. Hermann Wislicenus in der Zeit von 1879 bis 1897 geschaffen wurden, rechtfertigen keine Pauschalkritik unter dem Deckmantel des Denkmalschutzes. Diese bildlichen Darstellungen von Szenen deutscher Geschichte, aus Märchen und Sagen, sind grandiose Werke eines Meisters und zwischenzeitlich selbst zu Denkmälern geworden.

Jagdschloss Windenhütte

Hoch über dem Bodetal, mitten im tiefsten Harzwald und weit ab von jeder weiteren Zivilisation, liegt das Jagdschloss Windenhütte etwa 3 km südwestlich von Treseburg. Heute würde für ein solches Objekt wohl keine Baugenehmigung mehr erteilt werden. Braucht sie auch nicht, denn die haben sich die Braunschweiger Herzöge vor gut 150 Jahren selbst erteilt, denn den Welfen gehörte in damaliger Zeit der Wald dieser Hochharzregion.

Alte Ansichtskarte – Allrode, Herzogl. Jagdschloss Windenhütte 1914

Dem Jagdeifer von Herzog Wilhelm von Braunschweig verdanken wir dieses Harzer Kleinod, das auf das Jahr 1872 zurückgeht. Der Herzog starb 1884 kinderlos, und der Kaiser setzte Herzog Johann Albrecht zu Mecklenburg-Schwerin als Prinzregenten für das Herzogtum Braunschweig ein. Doch die „Herzog-Willhelm-Jagdhütte" entsprach nicht den Repräsentationsansprüchen des Prinzregenten, und so ließ dieser im Jahr 1908 das Herzogliche Jagdschloss Windenhütte erbauen. Der Name leitet sich von dem Flurstück „Zu den Winden" ab, auf dem das rustikale Jagdschloss aus Bruchsteinen erbaut wurde. Inzwischen hat es vier Gesellschaftssysteme, zwei Weltkriege und mehrere verschiedene Währungen überlebt.

Nach der Wiedervereinigung drohte dem zu DDR-Zeiten von der Akademie der Wissenschaften genutzten Gebäudekomplex der Verfall. Er wurde ins Vermögen des neugegründeten Landes Sachsen-Anhalt überführt.

Durch Zufall erfuhr der Frankfurter Geschäftsmann Johannes Münnich von dem Jagdschloss, verliebte sich in dieses geschichtsträchtige Anwesen und kaufte es letztendlich. Mit viel Engagement und noch mehr Liebe wurde das Jagdschloss restauriert und modernisiert.

Heute erwartet den Gast ein modernes Hotel in typisch Harzer Bauart und mit einer bildschönen Inneneinrichtung im Tiroler Stil. Das Jagdschloss liegt am Ende einer größeren abfallenden Lichtung, über die der Blick sowohl vom Restaurant wie auch von den Zimmern schweift. Am Ende der Lichtung steht ein großer, hölzerner Heuschober, der auch als Wildfutterkrippe dient. Mit etwas Glück kann der Gast Fuchs, Reh, Hirsch und Wildschwein

11

genüsslich beobachten. Aber auch wenn das Wild ausbleibt ist es ein kleines Glück, dieses idyllische Haus besucht zu haben.

Die Hotelzimmer sind, wie das Restaurant, von Tiroler Schreinern aus bestem Fichtenholz maßgefertigt und individuell ausgestattet. Auch die alte „Herzog-Wilhelm-Jagdhütte", die ungefähr 60 Meter vom Jagdschloss entfernt steht, wurde komplett saniert, renoviert und bietet Familien einen wahren „Hüttenzauber".

Das rustikale Restaurant in seinem Tiroler Naturholzdesign vermittelt Gemütlichkeit und strahlt durch seine kunstvollen Kassettendecken alpenländisches Flair aus. Zwei große Wandgemälde inspirieren den Gast, sich für die Geschichte des Hauses zu interessieren, die eng mit dem Hause Braunschweig, aber auch mit der Wiedervereinigung verbunden ist. Eine liebevoll vom Eigentümer zusammengestellte „Schloss-Chronik" ist für alle Gäste zugänglich. Die Küche ist gutbürgerlich, mit Harzer Touch und wird durch gute Biere sowie eine reichhaltige Weinkarte ergänzt.

Das Jagdschloss Windenhütte ist ein Refugium für Naturfreunde und Ruhesuchende, aber auch für Familien mit Kindern, die sich ungestört in „freier Wildbahn" bewegen können.

Zu erreichen ist die Windenhütte über zahlreiche Wanderwege von Allrode, Stiege, Hassel-felde, Treseburg und Altenbrak oder mit dem Fahrzeug über die B 81 oder L 95.

Burg Lohra bei Bleicherode

Die Burg Lohra liegt am nordwestlichen Rand der Hainleite, einem dem Harz vorgelagerten, größtenteils bewaldeten Muschelkalk-Höhenzug mit einer Höhe von 463 Meter über Nor-malnull. Sie liegt unmittelbar über der Ortschaft Großlohra, die zur Verwaltungsgemeinschaft Hainleite im Landkreis Nordhausen gehört.

Archäologische Untersuchungen haben ergeben, dass am heutigen Burgenstandort, wahr-scheinlich schon zu frühgeschichtlichen Zeiten, Befestigungsanlagen existiert haben. Die Burg Lohra wurde wahrscheinlich Anfang des 12. Jahrhunderts erbaut, eine erste sichere Nennung stammt aus dem Jahr 1116. Als Bauherren gelten die Grafen von Lare. Sie bauten die Burg, die direkt über dem Tal der aus der Eichsfelder Pforte heraufführenden Mühlhäu-ser Straße liegt, zu einer gewaltigen Anlage aus.

Burg Lohra bei Worbis / Thür.

Mit einer Gesamtausdehnung von 140 x 240 Meter war die Burg die größte im südwestlichen Harzvorland, und es stellt sich die Frage, ob sie nicht Reichsburg war.

Doch das Geschlecht derer von Lare starb schon Mitte des 13. Jahrhunderts aus, die Burg kam im Jahr 1234 an die Grafen von Beichlingen. Es folgten die Grafen von Klettenberg und die Grafen von Hohnstein.

Nach deren Aussterben wären die Grafen von Stolberg und von Schwarzburg erbberechtigt gewesen. Aber es kam anders, Herzog Heinrich Julius von Braunschweig nahm sie sich im Jahr 1593 mit Gewalt und hatte sie bis zum Jahr 1632 inne.

Danach konnten die Stolberger und Schwarzberger für wenige Jahre ihr Erbe antreten, bevor sich im Jahr 1634 das Hochstift Halberstadt die Burg gewaltsam nahm. Aber auch diese Epoche verging schnell, bereits 1648 kamen Burg und Grafschaft an das Kurfürstentum Brandenburg. Danach, ab 1700, war die Burg preußische Domäne. Ihre strategische Bedeutung als Burg scheint sie aber schon nach dem Westfälischen Frieden verloren zu haben. Bis zum Jahr 1977 wurde die Anlage dann als landwirtschaftliches Gut genutzt.

Die Burg Lohra ist eine kulturhistorische Perle, eine fast vollständig erhaltene Grafenburg aus staufischer Zeit: Eine besondere mittelalterliche, architektonische Kostbarkeit stellt die Doppelkapelle in der Unterkirche dar.

Grundriss der Burg Lohra
nach F. Stolberg 1968, dieser nach Bau- und Kunstdenkmäler d. Prov. Sachsen Bd. 12
gezeichnet von Lisa Berg

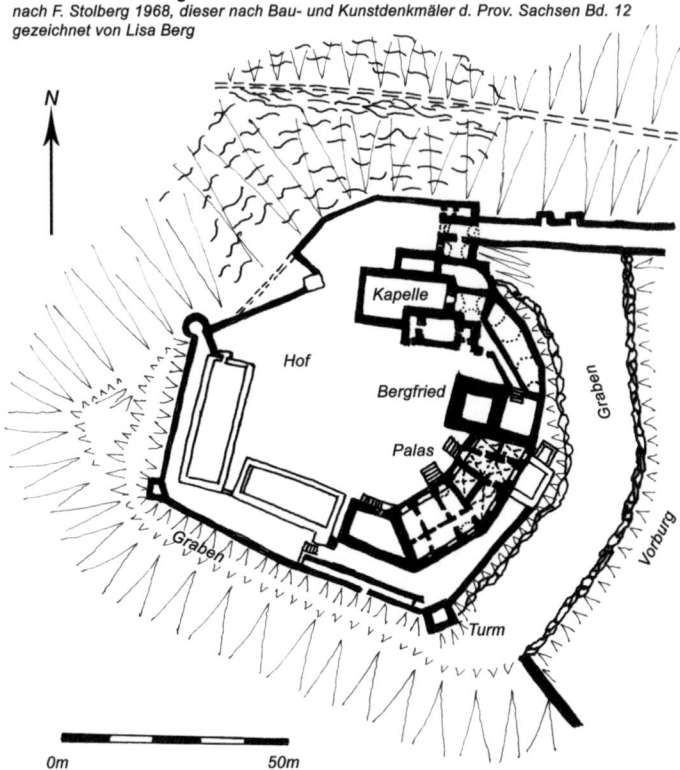

Die Burganlage wird seit 1992 von dem gemeinnützigen Verein „Offene Häuser e.V." aus Weimar genutzt, betrieben und erhalten. In der Burg werden günstige Übernachtungsmöglichkeiten mit Herbergscharakter angeboten und bei gutem Wetter hat man von der Burg einen Blick über den Südharz bis hin zum Brocken.

Das Schloss Liebenburg

Die Liebenburg, Ls. Goslar./Nds.
nach einer Zeichnung von 1641

Dieser Bergsporn der Salzgitterer Berge muss in Verbindung mit den nahen Salzvorkommen sowie einer altehrwürdigen Handelsstraße schon in frühen Zeiten von Bedeutung gewesen sein.

Das erkannte als erster wohl Otto IV., der um das Jahr 1200 eine erste Burg errichtet haben soll, die aber bald wieder zerstört wurde. Otto IV. war der dritte Sohn des Welfen „Heinrich der Löwe". Im ausgehenden 13. Jahrhundert kam es zu einer Teilung des Welfenhauses. Die Brüder Heinrich der Wunderliche, Albrecht der Fette und Wilhelm von Wolfenbüttel lagen im Dauerstreit. Heinrich fiel von seiner Harlburg wiederholt in die Gebiete von Goslar, Hildesheim und Halberstadt ein, um Beutezüge zu machen. Das führte außerdem zu einem Zwist mit den Bistümern Halberstadt und Hildesheim. Es bildete sich eine Koalition aus Kirche, Adel und Städtebürgern, die zusammen die Harlburg erstürmten und zerstörten.

Diesen Zeitpunkt des Jahres 1292 nutze Bischof Siegfried II. von Hildesheim, um eine neue Burg zu erbauen, deren Name „Levenborch" lautete. Diese Burg sollte Schutz vor den Herzögen von Braunschweig bieten und die Ostgrenze seines Bistums schützen. In den folgenden Jahrhunderten durchlebte die Liebenburg bewegte Zeiten, die geprägt waren von

15

zahlreichen Besitzerwechseln und kriegerischen Ereignissen. Nach Ende des Dreißigjährigen Krieges kam die Burg durch den Friedensvertrag wieder in die Hände des Bistums Hildesheim. Die Burg war stark in Mitleidenschaft gezogen und zum Teil zerstört, was sich in den folgenden einhundert Jahren noch verstärkte.

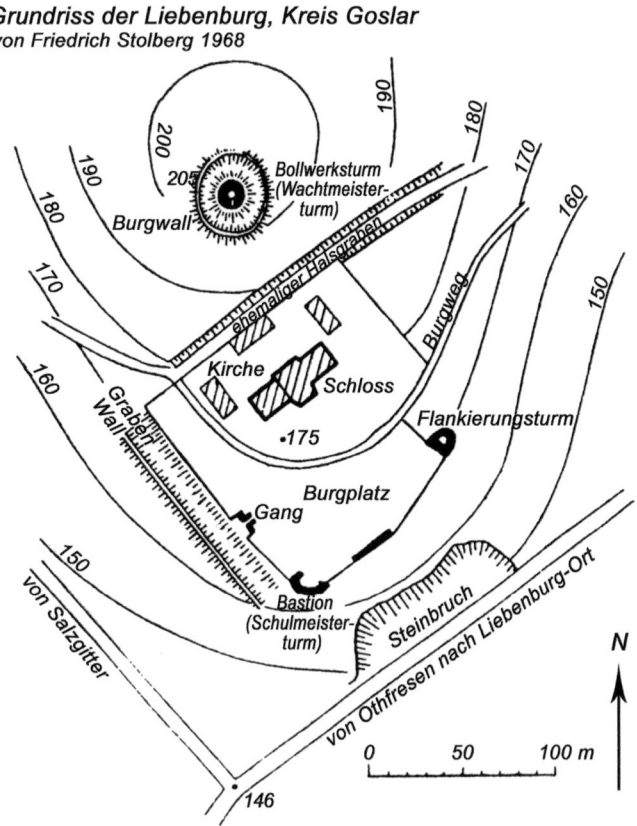

Grundriss der Liebenburg, Kreis Goslar
von Friedrich Stolberg 1968

Fürstbischof Clemens August, ein bayerischer Prinz auf dem Bischofstuhl von Hildesheim, ließ darum von 1750 bis 1754 die Liebenburg komplett abreißen und erbaute dann ab 1754 an gleicher Stelle das neue Barockschloss Liebenburg, das noch heute in ganzer Pracht steht.

Das 1760 fertiggestellte Schloss entstand unter der Federführung von Baudirektor von Brabeck, Bauleiter von Linden und Maler Winck als ein klassisches Bauwerk des Rokoko in höchster Vollendung. Vollendet wurde das Schloss aber nicht wirklich, denn der Siebenjährige Krieg und der daraus resultierende Geldmangel ließen die Visionen des Bauherrn nicht mehr Wirklichkeit werden. Nur der Westteil mit Schlosskapelle wurde fertiggestellt. Schlimmer noch, das Jagd- und Lustschloss konnte aus diesem Grund nicht mehr genutzt werden. Im 19. Jahrhundert hatte dann das regionale Amtsgericht seinen Sitz im Schloss. Im Jahr 1959 wurde das Amtsgericht nach Salzgitter verlegt.

Heute befindet sich das Schloss Liebenburg in Privatbesitz. Offizielle Besichtigungen sind daher nicht möglich. Termine für Besichtigungen von Schloss und Kapelle können aber privat vereinbart werden.

Schloss Rammelburg

Schloss Rammelburg, Lithographie aus der Sammlung A. Duncker um 1870

17

Gleich aus welcher Richtung man kommt, befährt man die B 242, die auch als Harzhoch-straße betitelt wird, fällt einem im Unterharz zwischen dem Ort Saurasen und dem Abzweig nach Wippra im südlichen Harzwald ein Monumentalbau ins Auge. Es ist das inmitten bewaldeter Berge malerisch über dem Tal des Flüsschens Wipper gelegene Schloss Ram-melburg. Das auf dem Hausberg auf 270 Meter über Normalnull gelegene Schloss befindet sich in unmittelbarer Nähe zum gleichnamigen Dorf Rammelburg.

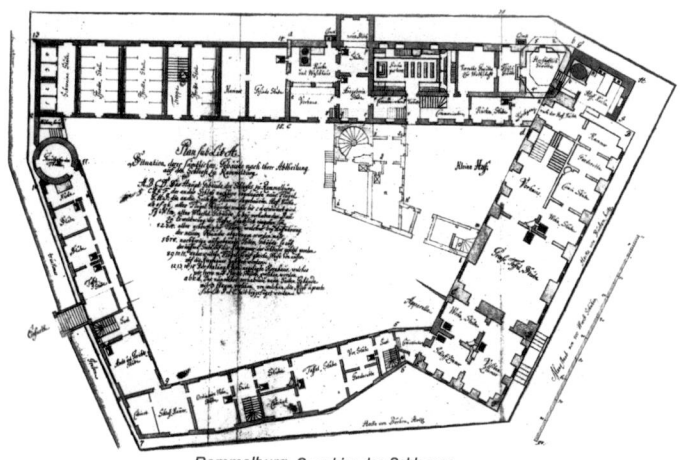

Rammelburg, Grundriss des Schlosses
von Johann Georg Blume, 1758

Es steht auf einem Baugrund aus Phyllit, der Baukörper ist aus Sandstein sowie Holzfach-werk. Die Hauptburg ist in Trapezform mit den Maßen 50 x 70 Meter errichtet. An der Ost- und an der Westspitze der Hauptburg thronen zwei runde Bergfriede im romanischen Baustil. Heute präsentiert sich uns das Schloss in seinen Grundzügen als Renaissancebau. Der Grund dafür liegt in einem schweren Brand im Jahr 1894, der den Hauptbau stark beschädigte. Der kaiserliche Hofbaurat Ihne veranlasste die Wiederherstellung von 1901 bis 1904.

Wann und von wem die Rammelburg erbaut wurde liegt, wie bei so vielen Harzer Schlös-sern und Festungen, im Dunkel der Geschichte. Anzunehmen ist, dass der Schlossberg schon in vorgeschichtlicher Zeit als menschlicher Aufenthaltsort diente. Eine bronzene Lanzenspitze und eine Nadel vom Trothaer Typ, die bei den Aufräumarbeiten nach dem Brand im Jahr 1894 gefunden wurden, untermauern diese Annahme. Erstmals ins Licht der Geschichte tritt die Rammelburg in einer Urkunde von Erzbischof Rudolf von Magdeburg aus dem Jahr 1259. Aus dem Inhalt dieser urkundlichen Nennung ist abzuleiten, dass eine Burg schon vor 1190 im Besitz der Grafen von Arnstein bestanden haben muss.

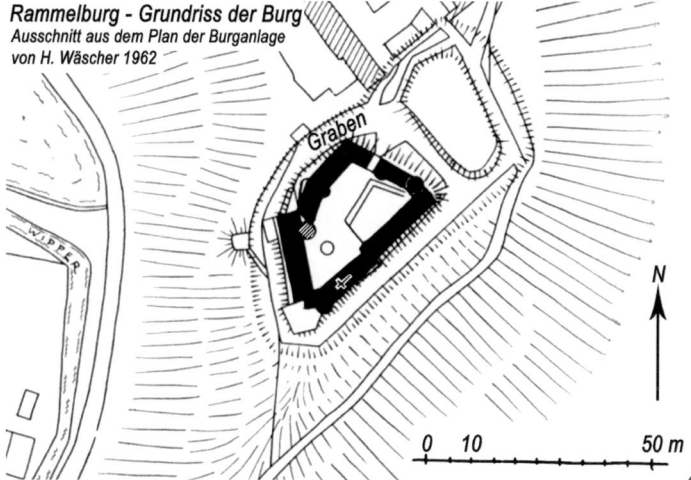

Rammelburg - Grundriss der Burg
Ausschnitt aus dem Plan der Burganlage
von H. Wäscher 1962

0   10   50 m

Im Jahr 1296 fiel die Rammelburg mitsamt der Herrschaft Arnstein an die Grafen von Falkenstein und einige Jahrzehnte später an die Grafen von Regenstein. Im Jahr 1400 wurde durch Heirat die Rammelburg zum Teilbesitz der Grafen von Mansfeld, die ab 1430 alleinige Besitzer waren. Abgesehen von einer kurzen Eroberung durch den Herzog Heinrich von Braunschweig im Jahr 1554 – in einer Fehde mit Graf Albrecht von Mansfeld-Hinterort – der die Rammelburg aber bald zurück gab, war die Burg bis zum Jahr 1602 im Besitz der Grafen von Mansfeld. Dann wurden die Anrechte, die Lehenshoheit war inzwischen an KurSachsen gegangen, an Kaspar von Berlepsch verkauft. Als Besitzer folgten alteingesessene Adelsfamilien: 1637 von Stammer, 1737 von Friesen und 1903 von Heimburg.

Nach 1945 wurde der Besitz enteignet, eine Rehaklinik für Kinder wurde auf dem Schloss eingerichtet. Nach der Wiedervereinigung wurde die Rammelburg an eine Immobiliengesellschaft verkauft, die Kinderklinik wurde geschlossen und nach Wippra verlegt.

Das Gebiet der Rammelburg, das Wippertal sowie die südöstliche Vorharzhochfläche sind wahrscheinlich der am wenigsten berührte Teil des Harzes. Wer urwüchsige Natur abseits einschlägiger Tourismuspfade sucht und wenig Wert auf touristische Infrastruktur legt, sollte dieser Region einen Besuch abstatten.

19

Streckenweise Wanderungen im Wippertal waren um so bequemer möglich, weil man von Mansfeld aus mit der „Wipperliese" über mehrere Haltepunkte bis nach Wippra (Burgruine, siehe Band 3) gelangen konnte („Wipperliese" – fährt als Touristenbahn am Wochenende). Nördlich oberhalb der Station Friesdorf-Ost liegt malerisch das Café „Hausbergbaude" mit wunderbarem Blick auf die Rammelburg.

Der Zwinger in Goslar

Einer der stärksten Festungstürme in Europa steht in Goslar und heißt Zwinger. Seine unteren Mauern sind 6,5 Meter stark, seine oberen immerhin noch 4,5 Meter. Der Zwinger wurde in den Jahren von 1517 bis 1524 erbaut, ist 19 Meter hoch und hat einen äußeren Durchmesser von 26 Meter. Erbaut wurde er aus Sandstein, sein Mörtel besteht aus Sand, Ochsenblut, Ziegenmilch und Quark.

Goslar hatte seit dem Hochmittelalter eine mächtige Befestigungsanlage. Während der Goslarer Kaiserzeit diente diese Befestigung der Kaiserpfalz. Ständig wurde sie erweitert und verbessert, so wie sich Goslar entwickelte. Ab dem ausgehenden Hochmittelalter, nachdem sich die Kaiser aus dem nördlichen Deutschland zurückgezogen hatten, begannen die Bestrebungen der Goslarer Bürger nach Selbständigkeit. Mit den Stadtrechten kam ein weiterer wirtschaftlicher Aufschwung, was sich auch auf die Baulichkeiten der Stadt sowie ihre Befestigungsanlagen auswirkte.

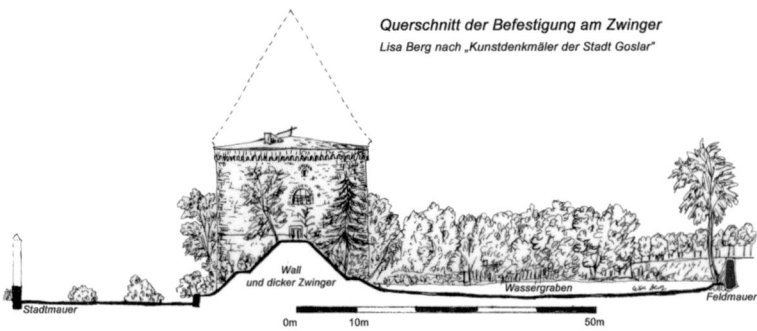

Querschnitt der Befestigung am Zwinger
Lisa Berg nach „Kunstdenkmäler der Stadt Goslar"

Wall und dicker Zwinger · Wassergraben · Feldmauer · Stadtmauer

0m   10m   50m

Doch dann wurden das Schießpulver und die Feuerwaffen erfunden, und nichts war mehr wie vorher. Die Militärstrategien erfuhren eine grundlegende Änderung, und damit verloren einst uneinnehmbare Befestigungsanlagen plötzlich ihre Abschreckung. Auch Goslar reagierte auf diese veränderte Situation und baute mächtige Wälle, Gräben, gewaltige Torburgen und Zwinger, um den Feinden die Stirn bieten zu können. Goslar war auf Grund des ergiebigen Bergbaus eine wohlhabende, eine reiche Stadt und konnte daher mehr in seine Sicherheit investieren als andere. So wurden auf dem Wall freistehende Türme errichtet, die nur durch einen unterirdischen Gang mit der Stadt verbunden waren. In ihnen war die schwere Artillerie stationiert, die für den Schutz der eigentlichen Stadtmauer sowie der Gräben und Wälle zuständig war. Nur der Turm an der Kötherstraße – und auch dieser ohne sein charakteristisches Spitzdach – ist davon bis heute erhalten geblieben.

Seine Besatzungsstärke im Verteidigungsfall sollte 600 bis 1.000 Mann betragen, verteilt über fünf Stockwerke. Auch berichtet eine alte Legende von diesem Zwinger, dass dort einst die größte Kanone ihrer Zeit, genannt „Rumetasch", gestanden haben soll. Die gewaltige Kanone soll aus Rammelsberger Erzen gegossen worden sein.

Zeugnis davon legt nur noch ein altes Gemälde ab, das im Zwinger hängt. Aber der Zwinger und so auch die „Rumetasch" kamen nie zum Einsatz. Im Jahr 1552 musste die Stadt Goslar die Bergbaurechte an die Braunschweiger Herzöge abtreten. Nachdem der Zwinger über 200 Jahre ungenutzt war, wollte ihn die Stadt abreißen, aber es fanden sich in der Familie Mevers Privatleute, die

Alte Postkartenansicht des Zwingers

den Turm im Jahr 1936 kauften und bis heute besitzen.

Jetzt ist der Zwinger Bau- und Kulturdenkmal sowie Museum, beherbergt Ferienwohnungen und ein Restaurant. Das Museum befindet sich im Obergeschoss und zeigt eine sehenswerte Ausstellung verschiedenster Kriegsgeräte und -ausrüstungen mehrerer Zeitalter. Auch museumspädagogisch hat man sich einiges, insbesondere für die jüngsten Besucher, einfallen lassen und kundige Führerinnen bleiben keine Antwort schuldig. Vom Museum führt eine alte Holztreppe auf das Turmdach, von dem aus man einen ausgezeichneten Blick über die Goslarer Altstadt, die Kaiserpfalz und den Rammelsberg genießen kann. Auf der dritten Etage sind drei außergewöhnliche Ferienwohnungen zu mieten, die den Charme des Mittelalters mit modernstem Komfort verbinden.

21

In der zweiten Etage befindet sich eine rustikale „Event-Location". Sie beeindruckt mit einem unvergleichlichen Ambiente und steht für Veranstaltungen, Feiern und Feste zur Verfügung. Dazu gibt es verschiedene Angebote wie zum Beispiel ein Ritter-Essen oder ein Wilhelm-Busch-Dinner-Spektakel. Natürlich wird auch auf Ihre individuellen Wünsche eingegangen.

Das Bündheimer Schloss

Mehrere hundert Jahre dominierte die Harzburg den gleichnamigen Ort. Doch im 14. und 15. Jahrhundert nahm ihre Bedeutung rapide ab, sie begann zu verfallen. Auch wenn sie kein Fürstensitz mehr war, ihren Status als Reichsburg hatte sie sogar schon im 13. Jahrhundert verloren. Die späteren Besitzer, die Wernigeröder Grafen, nutzten sie – wie auch die Welfen – nicht als Wohnsitz, sie hatte nur noch die Bedeutung eines Amtssitzes.

Da im 16. Jahrhundert die Pflichten eines Amtmannes zunahmen, wollte Herzog Julius von Braunschweig die Harzburg instand setzen und umbauen, was er aber aus Kostengründen verwerfen musste. So entschied er sich einen neuen Amtssitz zu errichten, dabei fiel seine Wahl auf das Harzburger Gut Bündheim. Im Jahr 1573 zog der Amtmann Simon Thomas in das neue Amtsgebäude auf dem Gut ein.

Aber schon bald begann der Dreißigjährige Krieg, der auch die Region und das Amt Harzburg stark beutelte. Besonders im Jahr 1626 verwüsteten Wallensteins Truppen den gesamten Amtsbezirk, auch die Harzburg und das Bündheimer Amtshaus wurden zerstört. Zwei Jahre nach Ende das Krieges, also 1650, begann Herzog August von Braunschweig ein neues Bündheimer Amtshaus zu errichten. Genutzt wurden dazu die Reste der Harzburg und die des alten Amtshauses.

Aber auch dieser neue Amtssitz hatte nicht lange Bestand. Gravierende Konstruktionsfehler beim Bau des Daches führten dazu, dass auch das zweite Bündheimer Amtshaus im Jahr 1685 abgerissen werden musste, ein neues Amtshaus wurde unmittelbar danach erbaut.

Dieses Amtshaus steht noch heute und trägt den Namen „Bündheimer Schloss". Heute ist es kein Amtshaus mehr, es wurde um- und ausgebaut, modernisiert, restauriert und dient heute dem Bad Harzburger Kulturclub als Sitz. Dieser noble, geschichtsträchtige Bau bietet den passenden Rahmen sowie eine stilvolle Kulisse für zahlreiche Veranstaltungen.

Besonders der 300 Plätze umfassende Rittersaal – mit seinem einzigartigen historischen Charme – ist weit über die Grenzen Bad Harzburgs hinaus bekannt.

Die Jagdpfalz Siptenfelde

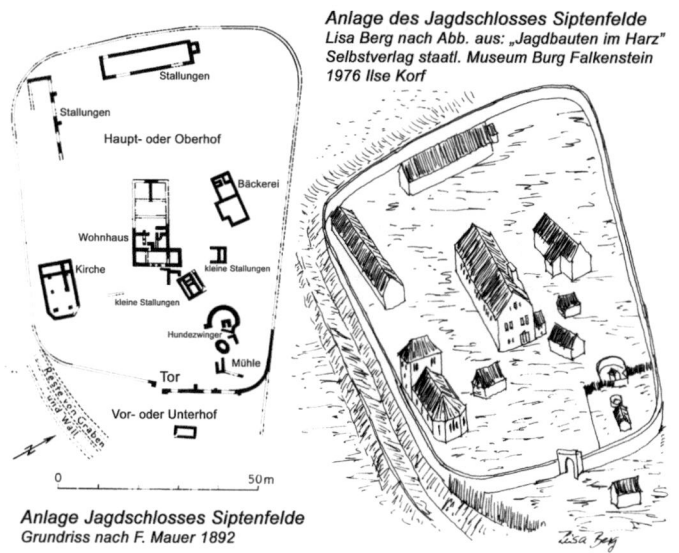

Anlage des Jagdschlosses Siptenfelde
Lisa Berg nach Abb. aus: „Jagdbauten im Harz"
Selbstverlag staatl. Museum Burg Falkenstein
1976 Ilse Korf

Anlage Jagdschlosses Siptenfelde
Grundriss nach F. Mauer 1892

Seit Karl dem Großen und den Sachsenkriegen ist das Waldgebiet des Harzes königliches Eigentum und vermutlich auch königliches Jagdrevier gewesen.

Mit der Übernahme der Königsgewalt durch das sächsische Geschlecht der Liudolfinger durch Heinrich I. ging dann der Harzforst an die ottonische Königsdynastie über. Bereits König Heinrich begann die ersten Jagdhöfe zu errichten, die zum einen der Verwaltung der königlichen Bannforstgebiete dienten, aber auch zugleich Tafel- und Versorgungsgüter waren. Diese Pfalzen dienten aber dem königlichen Tross auch als Unterkunft bei den beliebten und ausgedehnten Jagdausflügen der Herrscher.

Eine der ersten, wenn nicht die erste, war die Jagdpfalz Siptenfelde. Das Baujahr dieser Unterharzer Anlage ist nicht überliefert, der erste urkundliche Verweis stammt aus dem Jahr 930. Im Jahr 1888 wurde diese Jagdpfalz von F. Maurer verortet und ausgegraben. Sie liegt etwa 1,6 Kilometer nördlich von Siptenfelde auf einem flach abfallenden Westhang des Uhlenbachtales; heute steht in unmittelbarer Nähe das Forsthaus Uhlenstein.

Die Jagdpfalz Siptenfelde gilt mit ihrer Trapezform als eine für die Harzregion typische ottonische Anlage. Es war ein ausgedehnter Doppelhof mit einem 70 x 90 Meter großen Haupthof, welcher von einer geschlossenen Ringmauer umgeben war. Dieser höhergelegene Haupthof hatte nur ein Tor, das sich an der Schmalseite befand, hangabwärts lag der Vorhof. Der Haupthof war eine Anlage mit Wirtschaftsgebäuden, Wohngebäuden für das Gefolge, Königswohnung und Kirche. Bei den Grabungen im Haupthaus (Königswohnung) wurden bauliche Hinweise auf eine Fußbodenheizung, ähnlich der in Tilleda und Werla gefunden, was den Stellenwert dieser Anlage verdeutlicht.

Im Jahr 961 wird der Jagdhof letztmalig genannt. Um 1200 scheint dann die Zeit der königlichen Bannforste endgültig vorbei gewesen zu sein. Die Wälder waren zu dieser Zeit schon weitgehend in die Hände der regionalen Adelsgeschlechter oder des Klerus gelangt. Die Jagdpfalzen der Ottonen verloren somit ihre Bedeutung. Was später aus dem Jagdhof geworden ist, liegt im Dunkel der Geschichte. Manches deutet darauf hin, dass die Kirche im späten Mittelalter neu errichtet wurde.

Heute sind die Spuren der Vergangenheit wieder unter dem Erdboden. Die Örtlichkeit der Pfalz ist mit Bäumen und Sträuchern überwachsen und wartet auf eine nächste wissenschaftliche Untersuchung.

Die Wendeburg

Nicht alle Burgen oder Burgruinen sind Sehenswürdigkeiten. Von so manch einer ist auch fast nichts mehr zu sehen. Es gibt Burgen, von denen es keine geschichtlichen Nachrichten gibt, wo man aber ihren Standort kennt und es gibt Burgen, von denen Nachrichten überliefert sind, deren Standort aber unbekannt war. Zu den Letztgenannten zählt die Wendeburg bei Darlingerode, zwischen Wernigerode und Ilsenburg.

Die Quellen über diese Burg sind zwar spärlich, geben uns aber trotzdem wichtige Informationen. In einer Urkunde übereignete Bischof Albrecht von Halberstadt dem Kloster Ilsenburg den Hof Wendeburg, auf dem er die Burg erbaut hatte. Daraus ist zu schließen, dass die Burg von Albrecht II. von Braunschweig-Lüneburg, so sein weltlicher Name, erbaut wurde oder aber von seinem Vater Herzog Albrecht dem Feisten.

Zeitlich einzuordnen ist die Burgengründung also in die erste Hälfte des 14. Jahrhunderts. Nach ihrer Übernahme durch das Kloster scheint die Burg schnell ihre Bedeutung verloren zu haben. In einer Urkunde von 1479 wird nur noch von dem Klosterhof geschrieben, die Burg wird nicht mehr erwähnt.

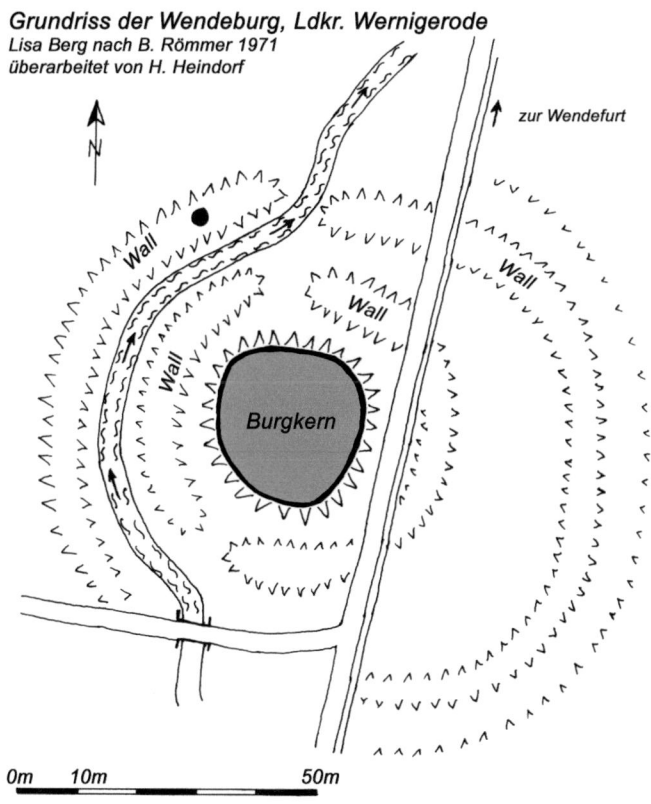

Grundriss der Wendeburg, Ldkr. Wernigerode
Lisa Berg nach B. Römmer 1971
überarbeitet von H. Heindorf

Die nur kurze Geschichte der Burg hat wohl nicht ausgereicht, um sie im Gedächtnis der Bevölkerung zu verankern, sie geriet in völlige Vergessenheit.

Der Darlingeröder Heimatforscher Bodo Römmer entdeckte im Jahr 1971 die Lage der Wendeburg. Sie befand sich etwa 100 Meter südlich des von Drübeck kommenden Wende-weges, dort wo die Wendefurt den Rammelsbach überschreitet. Nach Römmers Angaben war die Burg nahezu kreisförmig und umschloss eine Fläche von 84 x 72 Meter. Anschei-

25

nend handelte es sich sogar um eine Art Wasserburg, da der Rammelsbach genutzt wurde, um einen 4 Meter breiten Graben (zumindest an der Nord- und Westseite) mit Wasser zu versorgen. Die Kernburg maß etwa 25 x 30 Meter. Von dieser Niederungsburg kann kein Mauerwerk mehr festgestellt werden.

Nach seinem Fund erstattete Römmer sofort Meldung an das Landesmuseum Halle, es wurden jedoch keinerlei Schutzmaßnahmen oder Untersuchungen vorgenommen. Im selben Jahr wurden umfangreiche Meliorationsarbeiten durchgeführt, bei denen alle oberirdischen Spuren der Burg beseitigt wurden.

Bodo Römmer gebührt auf jeden Fall die Anerkennung, einen Beitrag zur Burgenlandschaft im Harz geleistet zu haben.

Alte Burg Osterode

Alte Burg in Osterode / Harz
nach Borchers

Woher diese Burg ihren Namen hat ist nicht überliefert. Erstmals erwähnt wurde sie im Jahr 1153 als „castrum et Hircesberg". Die 40 x 60 Meter messende Anlage liegt auf einem 240 Meter über Normalnull befindlichen Bergsporn am Ausgang des Sösetales. Heute ist dieser Bergsporn eingebettet in die Stadt Osterode und liegt unmittelbar nordöstlich von deren Altstadt.

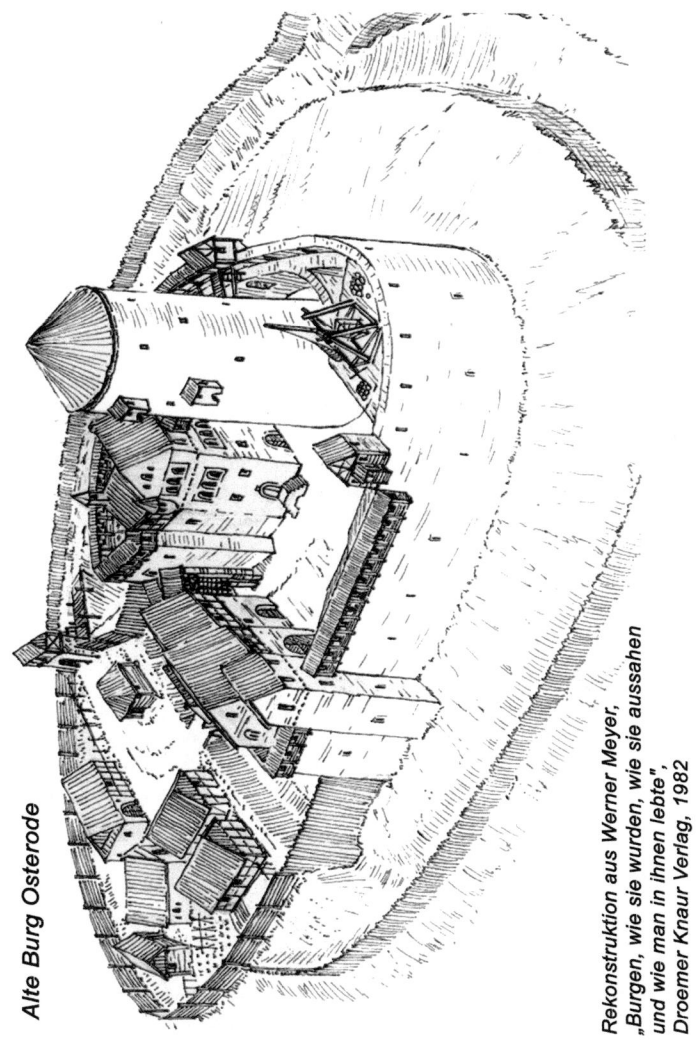

Alte Burg Osterode

Rekonstruktion aus Werner Meyer,
„Burgen, wie sie wurden, wie sie aussahen
und wie man in ihnen lebte",
Droemer Knaur Verlag, 1982

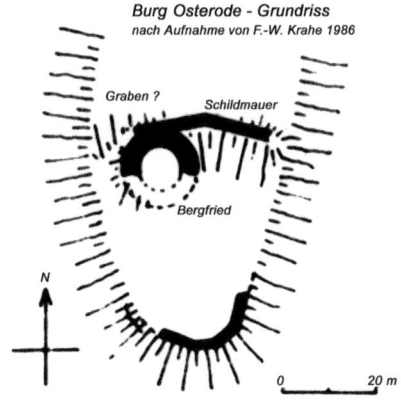

Burg Osterode - Grundriss
nach Aufnahme von F.-W. Krahe 1986

Graben ?

Schildmauer

Bergfried

N

0   20 m

Wie ihr Name, so liegen auch Bauherr und Baujahr im Dunkel der Geschichte. Angenommen wird, da die Burg im Liesgau liegt und Lehensherren dieses Gaues die Grafen von Katlenburg waren, dass diese auch als erste Lehensträger der Alten Burg waren.

Nach deren Erlöschen kam die Burg im Jahr 1106 an Heinrich den Löwen und blieb seitdem in welfischem Besitz. Ab 1402 wurde die Burg als Sitz von den Herzögen von Braunschweig-Grubenhagen genutzt und ab 1487 wurde sie Witwensitz für die Herzogin Elisabeth. Nachdem im Jahr 1513 die Herzogin verstorben war, galt die Burg als verlassen und wurde ab 1551 dann auch in der Aufzählung der herzoglichen Burgen und Schlösser nicht mehr genannt.

Schematischer Vertikalschnitt durch einen Bergfried mit hölzernen Geschoßböden
Lisa Berg nach Abb. aus Koch, 1988

W

N

K

L

A

E

L

AL

V

H

A - Abort
AL - sog. Angstloch
E - Eingang
H - Hof
K - Kamin
L - Lichtschitze
N - Fensternische
V - Verlies
W - Wehrplatte

Heute ist von der Alten Burg nur noch ein Rest des ehemaligen Bergfrieds erhalten, doch auch diese Ruine beeindruckt noch. Immerhin war dieser Bergfried einmal 33 Meter hoch, hatte 6 Geschosse und einen Durchmesser von 14 Meter. Seine Mauern waren bis 3,5 Meter stark. Die Reste des Bergfrieds, immer noch etwa 20 Meter hoch, wurden aufwändig restauriert und befinden sich heute innerhalb eines Friedhofsgeländes.

Der Hexenturm und das Alte Schloss Sangerhausen

Das Alte Schloss in Sangerhausen

Blick von Nord-Ost 1882
Zeichnung aus Schrift vom Verein für Geschichte
von Sangerhausen und Umgebung e.V., 10/2010,
Helmut Loth

Die Ortslage Sangerhausen ist uraltes Siedlungsgebiet und wird als fränkische Gründung bereits in den Jahren 780 und 802 im Urkundenverzeichnis des Klosters Fulda genannt. In der ersten datierten Urkunde von 991 ist die Ortslage als kaiserlicher Besitz Ottos III. benannt. Anzunehmen ist auch, dass der Ursprung der Burg Sangerhausen in jener Zeit anzusetzen ist. Um das Jahr 1056 wurde dieser sächsische Besitz zur Grafschaft. Anfang des 12. Jahrhunderts kamen die Ländereien dann in den Besitz der Wettiner.

Der Wettiner Heinrich der Erlauchte von Meißen ließ seinen Besitz Sangerhausen dann durch eine Stadtbefestigung sichern. Den südöstlichen Teil dieser Befestigung bildete die Burg Sangerhausen als höchster Punkt der Altstadt sowie der Befestigungsanlage. Urkundlich erstmals erwähnt wurde die jetzige Anlage 1271. Im Jahr 1291 wurde die Burg an Otto IV. von Brandenburg verkauft und ging im Jahr 1345 an das Haus Braunschweig-Göttingen. Im Jahr 1372 ging das Anwesen dann wieder an die Wettiner über, in deren Besitz es bis 1815 blieb. In den Jahren von 1616 bis 1622 wurde ein neues Schloss gebaut, das „Alte" verlor damit seine Bedeutung. Aber bereits davor diente das Schloss als Sitz der Vögte und als Gerichtsstätte, besonders als Gerichtsstätte für Hexenprozesse erwarb sich das Sangerhäuser Schloss einen zweifelhaften Namen.

Wie Manfred Wilde in seinem Buch über die Zauberei- und Hexenprozesse im Kurfürstentum Sachsen nachweist, fanden allein von 1536 bis 1710 siebenundzwanzig derartige Prozesse statt. Viele Gefangene schmachteten damals im Kerker dieses Schlosses, der daher seinen Namen „Hexenturm" erhalten hat. Im Detail überliefert ist unter anderem der Fall der Barbara Riethmüller aus Pölsfelde. Die Riethmüller soll im Jahr 1600, zusammen mit ihrem Mann Hans, ein altes Ehepaar in Grillenberg sowie einen wohlhabenden Mann mit seinem Sohn, die bei Riethmüllers eine Herberge suchten, umgebracht haben.

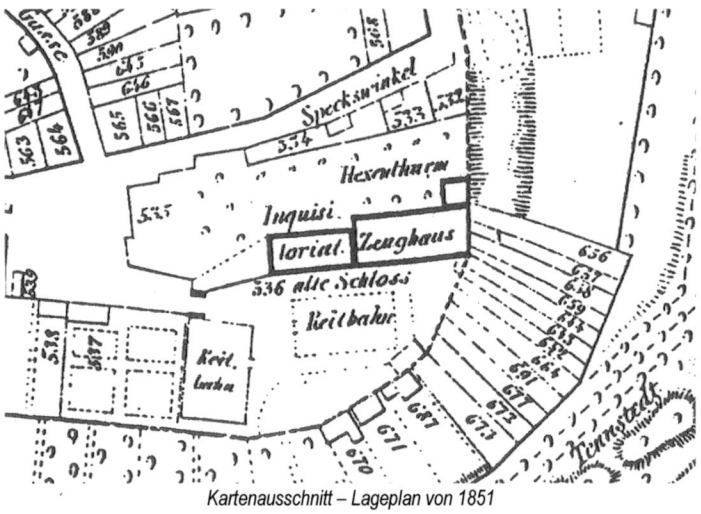

Kartenausschnitt – Lageplan von 1851

Anschließend sollen sie ihre Opfer im Backofen verbrannt haben. Das Ehepaar Riethmüller wurde 1607 denunziert, konnte aber nach einem ersten Verhör flüchten. Jahre später, im Jahr 1614, kam die Riethmüller mit ihrem Sohn heimlich zurück, ihren Mann soll sie inzwischen auch getötet haben. Aber sie wurde erkannt und verhaftet. Auf Anweisung des Kurfürsten wurde sie mit der „Tortur" befragt, sie wurde also gefoltert. Man warf ihr mehrere Morde sowie den Tod des Junkers Christoph von Morungen durch Hexerei und Zauberei vor. Doch Barbara Riethmüller entzog sich dem Prozess und somit weiterer Folterungen am 5. August 1614 durch Selbstmord. Sie hatte sich in ihrem Verlies im Hexenturm erhängt.

Irgendwann im 18. oder 19. Jahrhundert wurde das Schloss auch als Amtsgefängnis endgültig aufgegeben. Wann ist nicht überliefert. Aber das Schloss verfiel zusehends. Bald stand nur noch der Hexenturm am Ostflügel des Alten Schlosses. Für das Jahr 1893 gibt es dann wieder eine Aufzeichnung, da wurde der Turm von der Stadt für die Aufbewahrung von

Ledersachen für das Militär hergerichtet. Schon im Jahr 1839 muss der Turm bereits an private Besitzer verkauft worden sein, denn ein Carl Rabe erhielt die Genehmigung zur Reparatur des Turmes.

Im Jahr 1927 wurde der „Hexenturm" dem Grundstück des Tierarztes Otto Noltze zugeschlagen. Der Rest des Alten Schlosses brannte 1946 vollständig ab und auch der Turm wurde stark in Mitleidenschaft gezogen. Im Jahr 1973 reparierte Noltzes Sohn Gerhard den Turm und machte ihn wieder begehbar. Der „Hexenturm" ist bis heute im Privatbesitz der Familie Noltze. Von seiner oberen Plattform hat man einen prächtigen Rundblick über die Stadt Sangerhausen und das südöstliche Harzvorland.

Burg Hausneindorf

Der Ort Hausneindorf, der um das Jahr 570 gegründet wurde, gehört zur Gemeinde Selke-Aue und liegt nordöstlichlich von Quedlinburg. Hausneindorf zählt mit seiner Gründungszeit zu den ganz alten bekannten Siedlungen im Harzgebiet. Der Standort in der Selke-Aue im nordöstlichen Harzvorland war durch seinen fruchtbaren Boden, die vorbeifließende Selke und ihre strategische und geschützte Lage ein prädestiniertes Siedlungsgebiet.

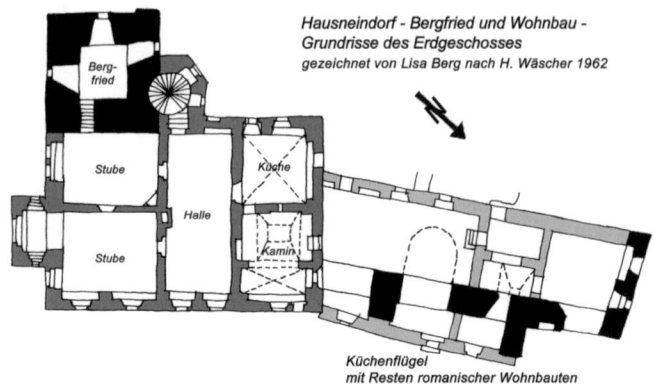

Hausneindorf - Bergfried und Wohnbau -
Grundrisse des Erdgeschosses
gezeichnet von Lisa Berg nach H. Wäscher 1962

Berg-
fried

Stube

Küche

Halle

Stube

Kamin

Küchenflügel
mit Resten romanischer Wohnbauten

Hausneindorf - Doppeltoranlage im Graben
von H. Wäscher 1962

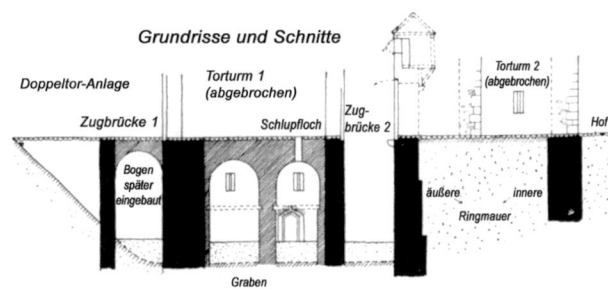

Grundrisse und Schnitte

Doppeltor-Anlage

Torturm 1
(abgebrochen)

Torturm 2
(abgebrochen)

Zugbrücke 1

Schlupfloch

Zug-
brücke 2

Hof

Bogen
später
eingebaut

äußere   innere

Ringmauer

Graben

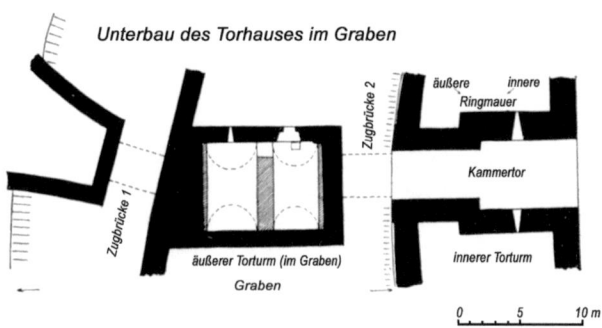

Unterbau des Torhauses im Graben

Zugbrücke 2

äußere   innere
Ringmauer

Zugbrücke 1

Kammertor

äußerer Torturm (im Graben)

innerer Torturm

Graben

0   5   10 m

Das sah wohl auch der Blankenburger Graf Anno im Jahr 1190 so und baute am Nordostrand der Selke-Niederung auf einer ansteigenden Hochfläche, über dem Südteil des Dorfes, eine gewaltige Burganlage. Die Blankenburger Grafen gehörten damals zum Gefolge von Kaiser Lothar III., dem Herzog von Sachsen, auch genannt Lothar von Süpplingenburg und waren Ministeriale, denen der Kaiser vertraute. Der Kaiser errichtete in dieser Zeit neue Grafschaften im Harzgebiet und hatte anscheinend seine Vertrauten, die Herren von Blankenburg, als „Untergrafen" in einem Teil seines Harzgaues eingesetzt.

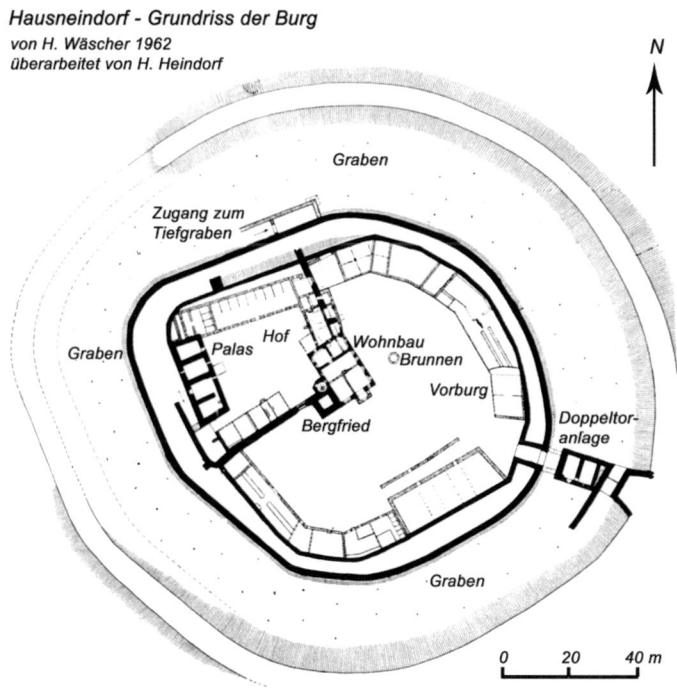

Hausneindorf - Grundriss der Burg
von H. Wäscher 1962
überarbeitet von H. Heindorf

Anders ist die Großräumigkeit der Burganlage kaum zu erklären. Der Gesamtdurchmesser der Rundanlage betrug 175 Meter.

Mittendrin die runde Kernburg von etwa 100 Meter Durchmesser, umschlossen von gewaltigen Ringmauern und gesichert von einem 10 bis 15 Meter breiten Zwinger. Der Hauptzugang war im Osten, kam durch die Selke-Niederung und war durch breite Gräben, Doppeltoranlage und zwei Brücken geschützt. Im Nordwestteil der runden Kernburg war ein 40 x 40 Meter großes viereckiges Kastell mit Palas im Westen und Bergfried in der Südostecke. Dieser ist quadratisch, hat Abmessungen von 7,5 x 7,5 Meter und eine Höhe von 27 Meter (in der Gotik aufgestockt); an der Nordseite Spuren einer Renaissance-Wendeltreppe.

Die gewaltige Burg stand unter keinem guten Stern. Angeblich wurde sie bereits im 13. Jahrhundert zerstört und wieder aufgebaut. Das Burgherrengeschlecht nannte sich fortan „Schenken von Neindorf". Wie schon angedeutet, gehörte die Burg zur Gründungszeit sicherlich zum Reichsgut, ging aber später an das Hochstift von Halberstadt über und pfandweise an die Regensteiner Grafen. Es folgten zahlreiche Verkäufe und Verpfändungen unter anderem von 1429 bis 1573 an die Herren von Hoym. Im 16. und 17. Jahrhundert erfolgten mehrere Um- und Ausbauten. Ab dem Jahr 1711 wurde die Burg endgültig als preußische Domäne umgenutzt. Eine Reihe von alten Burggebäuden wurde abgerissen und durch Wirtschaftsgebäude für das Gut ersetzt.

Heute sind noch Reste des 10 x 25 Meter großen, romanischen Palas erhalten sowie Reste von der einzigen im Harzraum erhaltenen Doppeltoranlage, auch der mächtige Bergfried steht noch. Hausneindorf mit seinem eingefügten Viereck-Kastell ähnelt den Burgen von Schlanstedt, Westerburg und Zilly.

Die Arnsburg bei Bad Frankenhausen

Diese Burg ist wiederum ein leuchtendes Beispiel, wie strategisch im Mittelalter Burgen errichtet wurden. Die Thüringer Wipper, die bei Worbis nahe Duderstadt entspringt, ist im Südharzer Vorland einer der bedeutendsten Flüsse.

Das Harzvorland verlassend, bahnt sie sich ihren Weg zwischen Kyffhäusergebirge und Hainleite. Bei Seega, in der Nähe von Bad Frankenhausen, schnitt sich die Wipper ein canyonartiges Tal durch die Hainleite.

Durch diesen Einschnitt – entlang der Wipper – führte im Mittelalter und sicherlich auch schon davor die Heer- und Handelsstraße, die von Thüringen zum südlichen Harzvorland weiter nach Norddeutschland führte. Daher war die Burg Arnsburg, errichtet auf einem 293 Meter über Normalnull hohen Bergsporn der Hainleite, von großer strategischer Bedeutung. Konnte die Burgbesatzung doch genau beobachten, wer durch das Wippertal reiste; sicherlich hatte die Burg auch gute Einnahmen durch erhobene Wegezölle.

Viel ist über die Arnsburg nicht überliefert. Da sie aber im Volksmund auch den Namen Bonifatiusburg erhalten hat, lässt diese Tatsache darauf schließen, dass sie schon einen sehr frühen Ursprung hatte. Eine erste Erwähnung fand die Burg, mit ihrem Burggelände von 25 x 60 Meter, im Jahr 1116 im Zusammenhang mit den Sachsenkriegen Kaiser Heinrichs V.. Im 12. und 13. Jahrhundert hatte die Burg einen eigenen Adel, der sich von Arnsburg nannte.

Burg Arnswald bei Breitungen /Thr.

Die Burg war auf Grund ihrer strategischen Bedeutung immer stark umkämpft und hatte viele verschiedene Herren, die auf ihr residierten. Zuerst waren es die Thüringer Landgrafen, dann war sie Lehen der Hohnsteiner Grafen und ab 1356 Besitz der Grafen von Schwarzburg-Rudolstadt. Im Jahr 1433 wurde eine Anwartschaft auf die Burg an die Grafen von

Stolberg gegeben, doch sie verblieb im Schwarzburger Besitz. Im Jahr 1492 mussten letztere die Burg jedoch an die Herren von Vippach verpfänden.

Arnsburg - Grundriss der Ruine bei Seega/Hainlaite
von F. Stolberg 1968 nach Stein 1950
überarbeitet von H. Heindorf

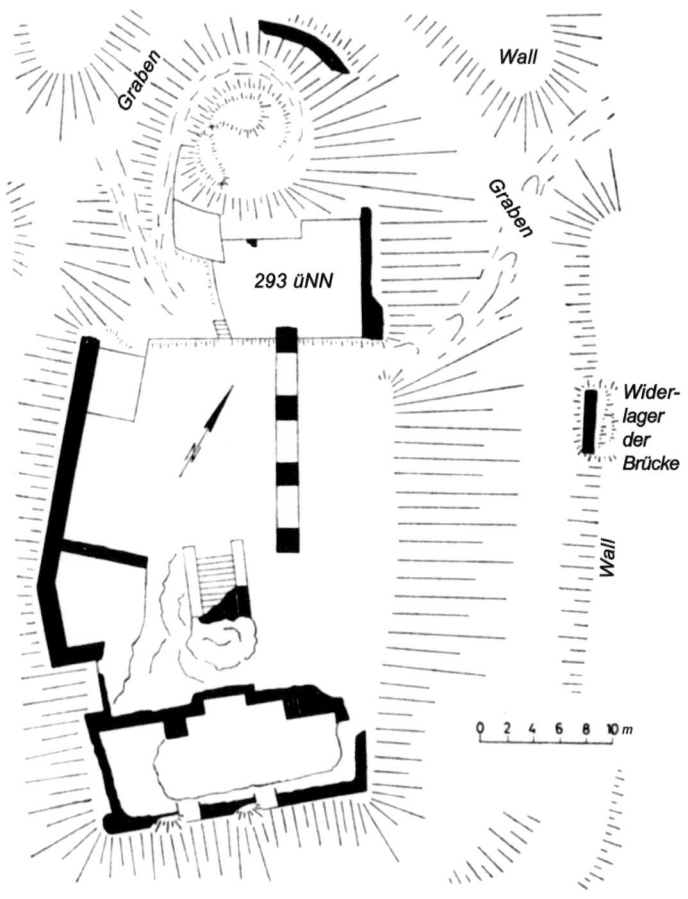

Dann gibt es nur noch eine letzte Information – im Bauernkrieg wurde die Arnsburg im Jahr 1525 zerstört und nicht wieder aufgebaut. Die Steine der Burgruine waren für die Bürger von Seega willkommenes Baumaterial. Heute findet der Besucher nur noch einen Stumpf des Bergfrieds, der 10 Meter Durchmesser hat sowie Mauerreste vom Palas und den Ringmauern der Burg vor. Auch 3 Spitzbögen eines ehemaligen Wirtschaftsgebäudes stehen noch und ein tonnengewölbter Keller von 6 x 13 Meter, der über eine überwölbte Kellertreppe vom Hof aus begehbar ist, wurde rekonstruiert.

Die Frankenburg mit Hausmannsturm
bei Bad Frankenhausen

Oberburg in Bad Frankenhausen /fr.
nach Merian

Die frühe Siedlung Frankenhausen hat offensichtlich von den Franken ihren Namen erhalten, die nach Prof. P. Grimm die Salz-Quellen mit einer ersten Befestigung sicherten. Erstmals erwähnt wurde Frankenhausen im Jahr 998 in einer Urkunde von Otto III. als „Franconhus".

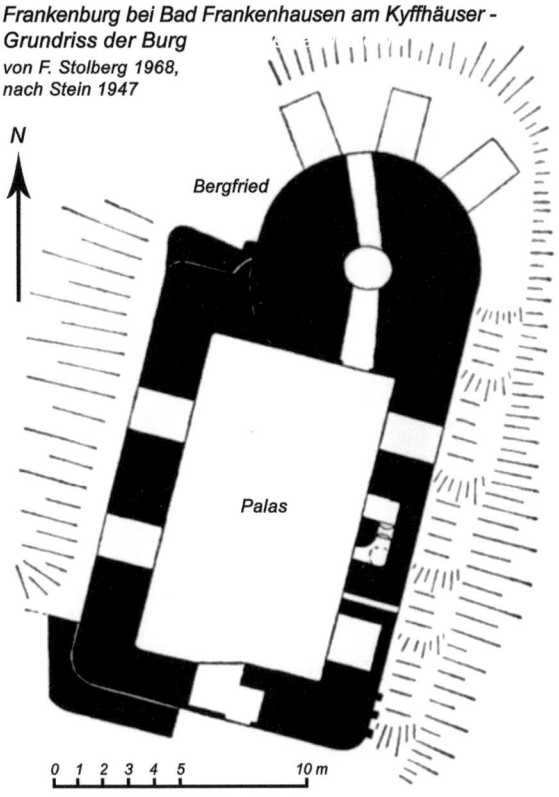

Frankenburg bei Bad Frankenhausen am Kyffhäuser -
Grundriss der Burg
von F. Stolberg 1968,
nach Stein 1947

N

Bergfried

Palas

0 1 2 3 4 5   10 m

Die gefährdete Nordseite der Anlage war durch einen tiefen Graben gesichert, der sich von der Ost- bis zur Westseite um die Burg erstreckte. Der runde Bergfried mit seinen 9 Metern Durchmesser hatte 3,5 Meter starke Mauern, und der rechteckige Palas von 12 x 17 Meter war mit gewaltigen 2,3 Meter dicken Mauern errichtet. Für den Fall, dass es in der Burg wirklich bedrohlich werden sollte, bestand ein Geheimgang, der bis zum Fuß des Burgberges führte. Die Frankenburg stammt als kleine Palas-Bergfried-Burg wohl aus dem 13. Jahrhundert und steckt wie ein Bollwerk in der Stadtmauer.

Die Frankenburg, die 1340 als Haus, im Jahr 1356 als Oberhaus und dann 1381 als Oberburg bezeichnet wurde, war seit ottonischer Zeit Reichsgut. Dem eingesetzten Vogt dieser Burg standen daher besondere Privilegien zu, er verfügte über zusätzliche Güter.

Später, nachdem auch die anderen Kyffhäuserburgen ihre Bedeutung verloren hatten, ging die Burg an die Grafen von Beichlingen über. Im Jahr 1339 verkauften diese die Stadt Frankenhausen mit Nennung der Ober- und Unterburg an die Grafen von Schwarzburg.

Weitere Nachrichten sind nicht überliefert. Nach dem Dreißigjährigen Krieg hatte die Burg dann ihre Bedeutung endgültig verloren und verfiel zur Ruine. Wegen ihres erhabenen Standortes über der Stadt wurde um das Jahr 1700 die Burg von der Stadt übernommen und aufwendig für einen Wächter hergerichtet. Seit dieser Zeit trägt die Burgruine auch den Namen Hausmannsturm, der bis heute gebräuchlich ist. Er gilt als Wahrzeichen der Stadt Bad Frankenhausen.

Die Grillenburg

Die Grillenburg liegt auf einem 300 Meter über Normalnull liegenden Bergrücken östlich über dem Dorf Grillenberg bei Sangerhausen. Das Dorf selbst wurde bereits im Jahr 880 im Hersfelder Zehntverzeichnis erwähnt. Die Grillenburg kann an dieses Alter nicht anknüpfen, und ob damals schon eine Vorgängerburg vorhanden war, ist mehr als fraglich. Erstmals wurde ein eigenes Adelsgeschlecht „Tidericus de Grillenberch" im Jahr 1217 genannt und als Lehensherr das Erzstift Magdeburg angegeben. In diese Zeit ist wohl auch die Erbauung der Burg zu legen.

Die Grillenburg ist als eine kleine Ministerialenburg anzusehen, die dem Schutz der Sangerhäuser Mulde (Friesenfeld) diente. Die Gesamtanlage ist in drei hintereinander geschaltete Abschnitte aufgegliedert. Die Hauptburg, östlich gelegen, ist in Form eines fünfeckigen Kastells mit Palas und umlaufendem, mit Halbtürmen versehenem Zwinger, gebaut. Wie üblich vor der Hauptburg, in westlicher Richtung, die Vorburg mit etwa gleichem Umfang, aber wesentlich einfacher gebaut. Als unterer Abschluss in Richtung Tal diente eine Außenburg, bestehend aus Erdwerk, Gräben und Wällen. Die Gesamtanlage ist etwa 200 Meter lang und hat eine maximale Breite von 70 Meter.

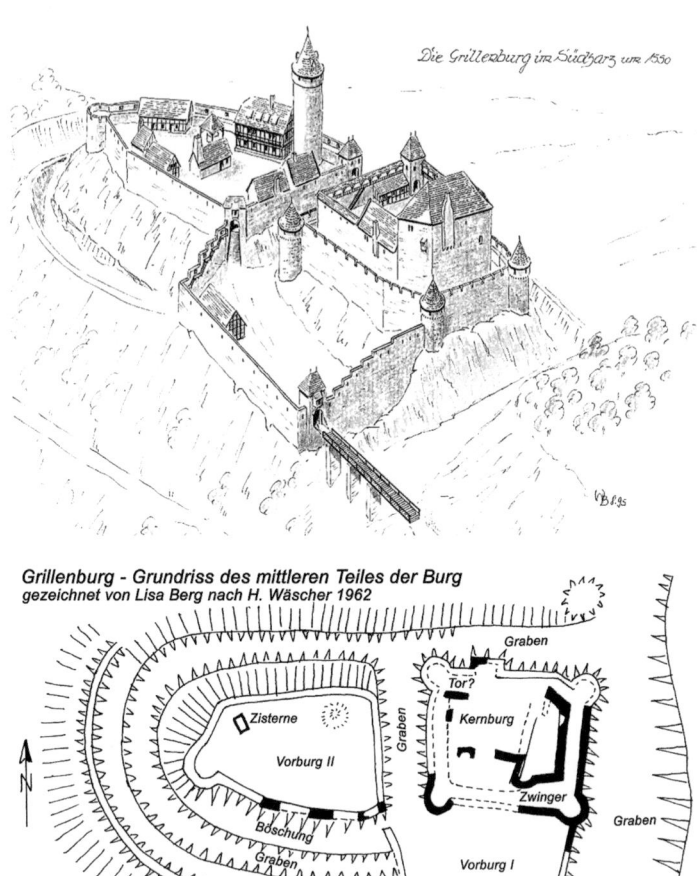

Die Grillenburg im Südharz um 1550

Grillenburg - Grundriss des mittleren Teiles der Burg
gezeichnet von Lisa Berg nach H. Wäscher 1962

Graben

Tor?

Zisterne

Kernburg

Graben

Vorburg II

Zwinger

Böschung

Graben

Graben

Wall

Vorburg I

0m   10m   30m

N

Im Jahr 1286 wurden erstmals als Burgmannen Mitglieder der Familien Musere und von Morungen genannt. Letztere scheinen dann über lange Zeit die Geschicke der Grillenburg bestimmt zu haben. Im Jahr 1347 wurde der Markgraf von Meißen durch Ankauf Lehensherr. Es folgte die Halberstädter Bischofsfehde, in welcher der Bischof Albrecht II. gegen die Herrschaftsträger im Harzraum, insbesondere aber gegen die Regensteiner Grafen kämpfte,

40

in der die Grillenburg hart umkämpft war. In dieser Zeit wurde die Burg von den Mansfelder Grafen erobert.

Im Jahr 1366 gelangte die Burg dann in den Besitz von Herzog Magnus von Braunschweig, 1485 dann wieder in sächsischem Besitz, und ein Jahr später wurde Wolf von Morungen als Lehensmann genannt. Im Jahr 1547 starb Georg von Morungen und die Burg ging als lediges Lehen an das sächsische Amt Sangerhausen zurück. Man geht davon aus, dass die Grillenburg zu jener Zeit schon in Verfall war, trotzdem wurde sie von einem Zweig derer von Morungen bis zum Jahr 1581 bewohnt. Als diese dann in den Nachbarort Obersdorf übersiedelten, diente die Burg noch zeitweise als Försterwohnung. Wann die Burg endgültig aufgegeben wurde, ist unbekannt.

Grillenburg - Gesamtplan der Burg mit Ortslage Grillenberg von H. Wäscher 1962

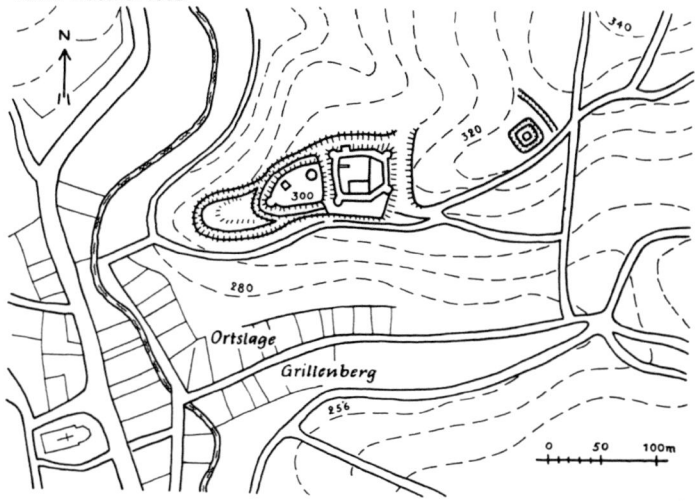

Zur Ruine der Grillenburg gelangt man, wenn man die Straße von Sangerhausen nach Wippra fährt. Hat man in Grillenberg die Kirche erreicht, folgt kurz dahinter eine kleine Brücke. Rechts hinter der Brücke gelangt man zu einem kleinen Parkplatz. Von dort führt ein Weg direkt zur Burgruine Grillenburg.

Das Neue Schloss Braunlage

"Neues Schloß'am
Königskrug
bei Braunlage" *as*

Im Forst Braunlage gibt es einige Orte, die auf den ehemaligen Aufenthalt von Königen hindeuten: Königskopf, Königsbruch und Königsborn zum Beispiel. In der unmittelbaren Nähe des Gasthauses Königskrug gab es einst sogar eine Wehranlage.

Überliefert dafür ist der Name „Neues Schloss". Doch wo es ein neues gegeben hat, da muss zuvor wohl auch ein altes Schloss gestanden haben. Von diesem ist allerdings nichts überliefert, sicherlich war es ein Jagdschloss oder Jagdhaus, denn dort führte der bereits im Jahr 1013 erwähnte Heidenstieg in unmittelbarer Nähe vorbei.

Auch wann und von wem das „Neue Schloss" erbaut wurde ist bisher unbekannt. Erst nach dem Mittelalter wurde die erste bekannte urkundliche Nachricht verfasst, das war im Jahr 1558. Bereits im Jahr 1644 informiert uns aber die Chorographia Reinsteinensis, dass von dem Schloss nur noch Ruinen übrig waren. Auch bei Merian wird dieses Schloss im Jahr 1653 als Harzer Wüstung aufgezählt. Somit kann vermutet werden, dass das „Neue Schloss" im Dreißigjährigen Krieg zerstört wurde. Eine grobe Vorstellung davon, wie das Schloss einmal ausgesehen haben mag, gibt uns nur eine Vorstellung auf einer Harzkarte aus dem Jahr 1543.

Im Jahr 1861 erforschte von Strombeck diese Stätte und fand damals starke, unter der Erde liegende Grundmauern sowie umfangreichen oberirdischen Bauschutt in Form von Sandstein (der in der Gegend nicht ansteht), Dachschiefer und Kalkmörtel. Baurat Brinkmann untersuchte dreißig Jahre später nochmals planmäßig das angenommene Burggelände. Er vermaß einen runden Turm mit 8 Meter Durchmesser und eine Ringmauer mit Graben und Erdwall.

Das Gasthaus Königskrug an der Straße Braunlage – Bad Harzburg stand nicht immer an seinem heutigen Standort. Einstmals stand es in der Nähe vom Königborn, wurde aber im Jahr 1829 abgebrochen und später an die heutige Stelle verlegt. Es kann angenommen werden, dass es zum Teil auf den Mauern der Burg Neues Schloss steht.

Im Jahr 1958 nahm der Archäologe Dr. W. Nowothnig weitere Mauerfreilegungen an der Anlage, die etwa 50 Meter Durchmesser hat, vor (Erklärungstafel links seitlich des Gasthauses). Neuerdings glaubt Rolf Nowack, eine wesentlich ausgedehntere Befestigungsanlage auf Luftbildern bei Google-Earth erkannt zu haben. Die Gesamtanlage, die in einer großen Wiese nordöstlich des Gasthauses liegt, gliedert sich in Kernburg, Vorburg und sogenanntes Neues Schloss. Die Luftbildbefunde bedürfen noch der Bestätigung durch die Archäologie, bislang sind es Vermutungen.

Die Struvenburg bei Benzingerode

Kaum eine Region im Harz hat so viele historische Baulichkeiten wie die Region Blankenburg, und über kaum einer liegt ein derartiger Schleier der Unwissenheit. Ob Kloster Michaelstein, Volkmarskeller, Regenstein, Heimburg oder auch die Struvenburg – über die Entstehungsgeschichten dieser frühgeschichtlichen Bauten wissen wir sehr wenig.

Die Struvenburg
bei Benzingerode (Nordharz) Kä-M.4.

Bei der Struvenburg, die auf einem schmalen Bergrücken mit Namen Struvenberg zwischen Benzingerode und Heimburg liegt, sind unsere Kenntnisse am geringsten. Nicht einmal ob die Burg ihren Namen vom Berg bekommen hat oder umgekehrt, ist bekannt.

Günstig gelegen, zwischen Holtemme und Goldbach, mit strategischem Blick ins nördliche Harzvorland, wurde dieser Standort schon im Frühmittelalter für den Bau einer Burg genutzt. Angenommen wird eine vorgeschichtliche Nutzung; nördlich der Struvenburg liegt noch eine frühgeschichtliche Schlichtenburg. Die Struvenburg wird der karolingischen Zeit zugeordnet, eine noch frühere Nutzung ist aber nicht auszuschließen. Die Struvenburg war eine dreiteilige Anlage, die in ihrer ungewöhnlich rechteckigen Form direkt auf den Untergrund aus Muschelkalk gebaut wurde. Die Anlage bestand aus einer Oberburg (100 x 70 Meter) und

44

einer Unterburg (135 x 50 bis 70 Meter), die durch einen Wallgraben voneinander geteilt waren; im Nordwesten liegt ein Sperrwall.

Historische Nachrichten von der Struvenburg sind nicht vorhanden. So ist auch nicht bekannt, wie lange diese Burg genutzt wurde, beziehungsweise wann und von wem sie zerstört wurde.

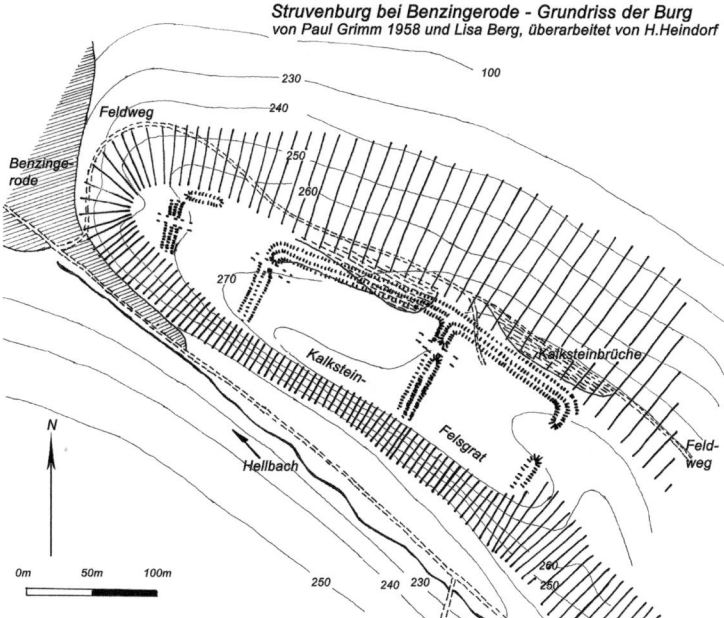

Struvenburg bei Benzingerode - Grundriss der Burg
von Paul Grimm 1958 und Lisa Berg, überarbeitet von H.Heindorf

Auf der Struvenburg sind bisher folgende Funde gemacht worden: Steinbeile, ein Bruchstück einer eisernen Tüllenaxt, Keramik aus dem 8. bis 12. Jahrhundert, eiserne Pfeilspitzen, ein Schwert, Bronzesporen, eine karolingische Emaille-Scheibenfibel mit Heiligendarstellung.

Die Burg Schadewald bei Allzunah

Burg Schadewald (Hohe Allzunah) bei Herrmannsacker (Harz), Lk. Nordhausen

Die Burg Schadewald ist eine der Allzunah-Burgen. Mit „Allzunah" wird ein Forst nördlich von Herrmannsacker bezeichnet, also am Südharzrand zwischen Neustadt und Rottleberode. „Allzunah" ist im Volksmund eine Gruppe von sechs Burgen, die alle in unmittelbarer Nähe zueinander liegen. Es sind außer der Burg Schadewald die Burgen Friedenland, Ebersburg, Lehnberg, niedere Allzunah und westliche Allzunah. Alle diese Burgen lagen zueinander in Sichtweite und teilweise nur wenige hundert Meter voneinander entfernt. Die Burg Schadewald kann innerhalb dieses Burgensystems als zentrale Burganlage angesehen werden. Sie trägt auch den Namen Hohe Allzunah sowie Großer Alzen.

Die Burg liegt mit 473 Metern über Normalnull für das Harzrandgebiet relativ hoch auf einer isolierten, steilen Bergkuppe über dem Krebsbachtal. Vermutet wird an diesem Standort auch eine Anlage vor- oder frühgeschichtlichen Ursprungs, die heutige Burgruine ist aber als hochmittelalterliche Herrenburg anzusehen. Gründungsdokumente für diese Burg gibt es nicht, es wird aber angenommen, dass Burg Schadewald zwischen den Jahren 1247 und 1249 durch Graf Siegfried von Anhalt erbaut wurde. Siegfried, aus dem Hause der Askanier, war ein Sohn von Fürst Heinrich I. von Anhalt, der für die Zeit nach seinem Tode das Fürstentum unter seinen drei Söhnen aufgeteilt hatte.

Ebersburg und Höhenzug Allzunah
nach Stolberg (1968), S. 78, gezeichnet von Lisa Berg

Diese Südharzer Region wurde zur damaligen Zeit von Landgraf Heinrich Raspe IV. regiert. Nachdem Raspe als letzter ludowingischer Landgraf ohne Erben verstorben war, erhob unter anderen Siegfried von Anhalt Ansprüche, da seine Mutter Irmingard von Thüringen war.

In dem entbrannten Erbfolgekrieg, den Siegfried an die Wettiner verlor, erbaute er wohl die Burg zu Verteidigungs- und Rückzugszwecken. Der unterhalb von ihr liegenden Ebersburg, die Markgraf Heinrich von Meißen zugesprochen worden war, sollte sie wohl auch als Operationsbasis dienen. Aus der Zeit dieses Erbfolgekrieges gibt es einige Nachrichten, so wurde von Graf Siegfried der Truchsess Lippold von Heimburg auf der Burg eingesetzt. Bereits 1261 nannte sich dieser dann Lippoldus de Schadewald. Im Jahr 1271 belehnten die Grafen Otto und Heinrich von Anhalt ihren Ministerialen Friedrich von Gernrode mit der Burg. Aber schon kurze Zeit später, im Jahr 1282, wird die Burg letztmalig genannt. Im Jahr 1326 geht die weiter unten liegende Ebersburg in das Eigentum der Grafen von Stolberg über, und die Anhalter scheinen das Interesse an dieser Südharzer Region verloren zu haben. Die Burg wird zu dieser Zeit endgültig aufgegeben, denn es finden sich keine weiteren Nachrichten.

47

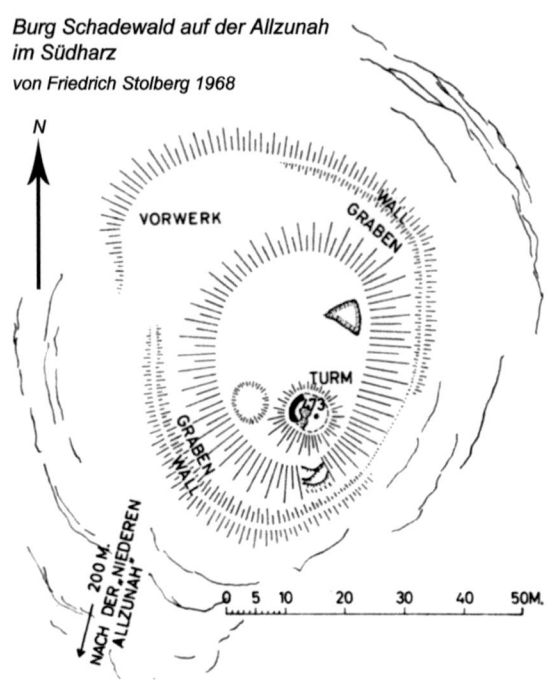

Burg Schadewald auf der Allzunah im Südharz
von Friedrich Stolberg 1968

Die Burg Schadewald ist heute eine Ruine, deren Gesamtanlage etwa 55 x 60 Meter misst. Der Burgplatz ist oval und hat die Maße 25 x 35 Meter. In seinem Südteil befindet sich der derbe Stumpf des Bergfriedes mit 6 Meter Durchmesser. Daneben gibt es einen in den Rotsandstein getriebenen Schacht von zirka 5 Meter Tiefe. Der gesamte Burgplatz ist von einem Ringgraben mit Vorwall eingeschlossen.

Die Heimburg

Diese Burg zählt zu den mythischsten Burgen des Harzes. An einem strategisch unvergleichbaren Ort bot sie einen grandiosen Blick in das nördliche Harzvorland. Einem Brückenkopf gleich, thronte sie auf einer hervorgehobenen, 277 Meter über Normalnull liegenden, Bergkuppe nördlich des Dorfes Heimburg bei Blankenburg. Erstmals genannt wird die

Burg durch Lambert von Hersfeld in seinen Annalen, in denen er den Burgenbau von Heinrich IV. aus dem Jahr 1073 verzeichnete.

Die Heimburg um 1500.
Dr. Überziegerode

Aber es kann angenommen werden, dass an jener Stelle schon eine vor- oder frühgeschichtliche Burg gestanden hat. So wird sie für die Zeit der Völkerwanderung von einigen Forschern, allen voran Dr. Ritter-Schaumburg, als eine Örtlichkeit der Nibelungensaga genannt. Gesicherter erscheint, dass bereits zur Zeit der Karolinger dort eine Burg entstanden ist. Auch deutet der Burgname „Altenburg" oder „Alteburg" auf eine Burg vor Heinrich hin.

Aber ihren Eintritt in die Geschichtsforschung fand sie erst durch Lambert von Hersfeld. König Heinrich der IV., der wegen seines Regierungs- und Politikstils wohl umstrittenste Herrscher des Mittelalters, hatte sie großzügig und robust erbauen lassen, so wie es für den Stil einer salischen Reichsburg üblich war. Doch dann überwarf sich Heinrich IV. mit den ansässigen Sachsen, der Zwist gipfelte im Sachsenkrieg, und in diesem wurde die Heimburg durch die aufrührerischen Sachsen im Jahr 1073 zerstört. Die Burg kann also noch nicht lange fertiggestellt gewesen sein, denn Heinrich wurde erst im Jahr 1050 geboren und 1053 erstmals gekrönt.

Nach dieser Zerstörung muss sie gleich wieder aufgebaut worden sein, denn 1115 wurde sie durch die Sachsen ein zweites Mal zerstört. Im Jahr 1123 wurde sie erneut aufgebaut, diesmal vom Bischof Reinhard von Halberstadt. Das führte zu einem ernsthaften Zerwürfnis zwischen Bischof Reinhard und Herzog Lothar von Supplinburg. In diesem Streit vermittelte und schlichtete dann der Erzbischof von Mainz. Lothar bekam vom Bischof die Heimburg übergeben, um sie zu schleifen. Es ist zu bezweifeln, dass er dies tat, denn sie war schon bald nach seinem Tode als wohlerhaltene und bewehrte Burg im Besitz seiner Erben.

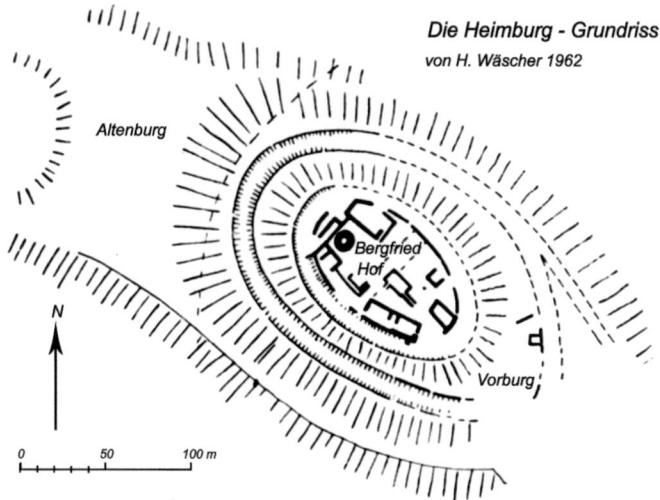

Die Heimburg - Grundriss
von H. Wäscher 1962

Altenburg

Bergfried
Hof

N

Vorburg

0   50   100 m

Erstmals genannt wird der Ministerialen-Adel „de Heimburg" im Jahr 1143 als Lehensträger des jungen Heinrich des Löwen. Nach dessen Sturz kam die Heimburg wieder in Reichsbesitz unter Friedrich Barbarossa. Aber bereits im Jahr 1181, nach dem Richterspruch des Erfurter Reichstages, erhielt Heinrich einen Teil seiner Güter zurück, darunter auch die Heimburg, die fortan welfisch war. Bis zum Jahr 1267 waren dann die Herren von Heimburg Burgherren. Dann muss ein Ereignis eingetreten sein, das die Grafenbrüder Ulrich und Albrecht von Regenstein zu den Burgherren gemacht hat. Eine Klärung dieses Ereignisses scheiterte bisher an der dünnen, unklaren Urkundenlage, aber es wird ein Kampf vermutet. Fortan trugen die Regensteiner auch den Namen Grafen von Regenstein-Heimburg.

Weitere geschichtliche Fakten zur Heimburg sind mir nicht bekannt. Es ist anzunehmen, dass die Regensteiner die Burg im 14. Jahrhundert nicht mehr bewohnten und sie auf diese Weise langsam in Verfall geriet. Im Jahr 1650 stellte Merian sie bereits als Ruine dar. Um zu neuen Erkenntnissen über die Heimburg zu kommen, wären sicherlich neue Grabungen erforderlich; die letzten fanden von 1891 bis 1894 statt, da steckte die Archäologie noch in den Kinderschuhen.

50

Die Heimburg muss einmal eine mächtige Burg gewesen sein, deren Gesamtanlage sich über ungefähr 140 x 230 Meter erstreckte. Die Burganlage wie auch Kern- und Unterburg hatten einen ovalen Umriss nach romanischem Schema. Eine mächtige Ringmauer umschloss die Kernburg mit ihren Abmaßen von 35 x 60 Meter. In der Ruine sind heute noch bis zu 10 Meter hohe Abschnitte der Ringmauer erhalten und auch Reste des Bergfrieds. Von der Unterburg sind auch nur noch Reste von Burgmauern, vom Keller und dem Torzwinger zu sehen sowie Wall- und Grabenstücke.

Die Plessenburg

Der Name dieser Burg täuscht Fadenscheiniges vor, denn um eine Burg im Sinne einer Befestigungsanlage handelt es sich bei dieser baulichen Anlage im Ilsenburger Forst nicht.

Alte Ansicht von der Plessenburg um 1900

Im Jahr 1775 erbaute auf der damaligen Wernigeröder Forststätte Königskoll Graf Heinrich Ernst zu Stolberg-Wernigerode ein herrschaftliches Jagdhaus. Erbaut hatte der Graf dieses Jagdhaus für seinen Schwiegersohn, den Prinzen Friedrich Erdmann von Anhalt-Köthen-Pleß. Nach dessen letztem Namensbestandteil, der sich auf einen Ort in Oberschlesien bezieht, wurde das Jagdhaus Plessenburg genannt. Etwas abseits vom Jagdhaus wurde zu Beginn des 19. Jahrhunderts ein Forsthaus errichtet. Im Jahr 1880 wurde dann noch neben

51

dem Jagdhaus ein Küchen- und Personalhaus im regionaltypischen Fachwerkstil erbaut. Der gesamte Gebäudekomplex der Plessenburg war bis 1945 im Eigentum der Fürsten zu Stolberg-Wernigerode.

Nach dem Zweiten Weltkrieg fand dann eine Enteignung statt und die Plessenburg wurde „Volkseigentum". Das gesamte Objekt wurde zu einem Gastronomiebetrieb umgebaut und diente zu DDR-Zeiten als Naherholungsobjekt.

Im Jahr 1992 wurde die Plessenburg dann privatisiert. Heute ist sie eine beliebte Ausflugsgaststätte mitten im Wald. Besonders für Wanderer ist sie Ziel oder Station. Zahlreiche Wanderwege aus verschiedenen Richtungen im Nordharz sowie dem Brockengebiet führen zur Plessenburg. Der beliebteste Wanderweg ist wohl aber der Rundweg ins Ilsetal, über den Ilsestein, die Paternosterklippe bis zur Plessenburg. Der Rundweg führt dann weiter durch das Tänntal, vorbei am Halberstädter Berg, nach Öhrenfeld und dann parallel des Europa-Radweges R1 zurück nach Ilsenburg. Wem Hin- und Rückweg zu viel sind, der kann die Buslinie 288 aus Richtung Wernigerode oder Ilsenburg nutzen und wandert nur eine Strecke. Übrigens, die Plessenburg ist von Mai bis September täglich von 10.00 bis 18.00 Uhr geöffnet, den Rest des Jahres ist Mittwoch Ruhetag.

Die Katlenburg

Die Katlenburg bei Northeim ist eine ehemalige Burg- und Klosteranlage im südwestlichen Harzvorland, sie liegt im gleichnamigen Ortsteil der Gemeinde Katlenburg-Lindau.

Auf einem Bergsporn über dem unteren Rhumetal ließen die Grafen von Katlenburg im ehemaligen Liesgau diese Höhenburg erbauen, wie man vermutet, denn Bauherren und Baujahr sind nicht überliefert. Was wir wissen ist, dass diese Katlenburg um 1000 als Reichsburg fungierte und dass das Geschlecht der Katlenburger, deren Abstammung bis heute ungewiss ist, in jener Zeit eine bedeutende politische Rolle im jungen Reich spielte. Nachgewiesen sind die Grafen Heinrich und Udo von Katlenburg erstmals um das Jahr 1002.

Ende des 11. Jahrhunderts regierte Graf Dietrich III. von Katlenburg. Er und seine Gemahlin Adela von Beichlingen blieben jedoch ohne Nachkommen und somit Erben, was ihnen Anlass war, die Burg in ein Kloster umzuwandeln. Aus der Katlenburg wurde zu Ehren des Evangelisten Johannes das Johanneskloster. Die Ringmauern um die dreieckförmige Burg wurden abgetragen und wohl auch daraus die Klosterkirche erbaut. Die Katlenburger Grafen verlegten ihre Residenz zur Stauffenburg bei Gittelde. Aus dem anfänglichen Mönchskloster wurde später ein Nonnenkloster.

Katlenburg bei Northeim /Nds.

Nach einem ruhigen und beschaulichen Jahrhundert Klosterleben brachte das 14. Jahrhundert für das Kloster einige Schicksalsschläge. Im Jahr 1346 brannte das Kloster nieder und zwei Jahre später wurde die ganze Region von der Pest heimgesucht. Nach dem Wiederaufbau folgten wieder fast zwei ruhige Jahrhunderte bis zur Reformation.

Im Jahr 1534 wurde das Kloster säkularisiert, und Herzog Philipp II. von Braunschweig-Grubenhagen bezog mit seiner Gemahlin das Kloster und baute die ehemaligen Klostergebäude in ein Renaissance-Schloss um. Doch bereits 1595 verließen die Welfen das Schloss wieder und die Anlage wurde zur Domäne.

Es folgten der Dreißigjährige Krieg und die Zerstörung von Schloss und Kirche sowie im Siebenjährigen Krieg die Entweihung der Kirche. Danach war die Katlenburg bis zum Jahr 1950 Amt und Domäne mit wechselnden Besitzverhältnissen.

Seit dieser Zeit haben verschiedene kirchliche und gemeinnützige Einrichtungen ein Domizil auf der Burganlage gefunden. Bekanntheit hat dabei besonders die im Jahr 1990 gegründete Bücherburg erlangt, die in einem früheren Speichergebäude untergebracht ist. Über eine halbe Million Bücher sind dort eingelagert, vorwiegend aus DDR-Restbeständen, können dort eingetauscht oder mit einer Spende, die „Brot für die Welt" zu Gute kommt, erworben werden.

Die Wasserburg Heldrungen

Heldrungen zählt nicht mehr zum direkten Südharzer Vorland, seine mittelalterliche Wasserburg ist jedoch einen Besuch wert. Denn nur wenige Wasserburgen in Deutschland, deren Geschichte bis ins 12. Jahrhundert zurückgeht, sind noch in so gutem Zustand erhalten.

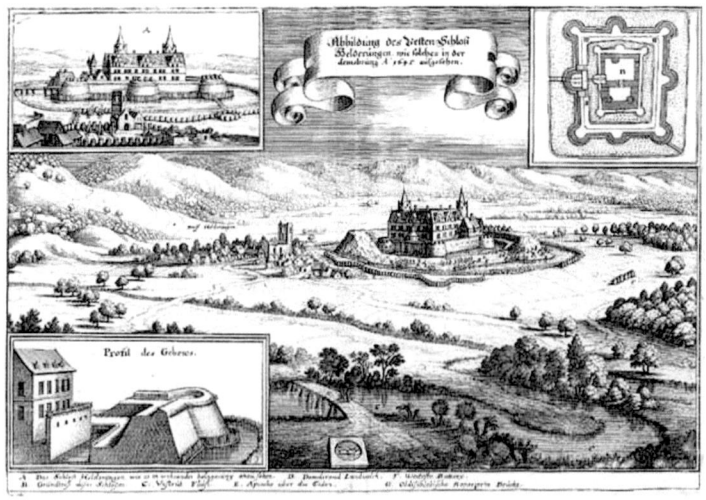

Alter Stich der Wasserburg Heldrungen um 1645

Der erste eigene Adel, in Person von Hartmann von Heldrungen, wurde im Jahr 1126 erwähnt. Die Burg, die südöstlich des Kyffhäusers in einer Unstrut-Niederung liegt, wurde erstmals für das Jahr 1217 genannt, war zu jenem Zeitpunkt aber noch keine Wasserburg. Ab 1410 gibt es keine Nachrichten von den Herren von Heldrungen mehr. Wohl in Folge von Erbstreitigkeiten ging die Burg an die Grafen von Hohnstein über, die sie aber im Jahr 1480 an die Mansfelder Grafen verkauften. Unter Graf Ernst von Mansfeld begann dann ab 1512 eine komplette Umgestaltung der romanisch-mittelalterlichen Burganlage zum Wasserschloss im Renaissance-Stil.

Heldrungen - Grundriss der Kernburg im Erdgeschoß
nach *Hermann Wäscher 1962*
gezeichnet von Lisa Berg

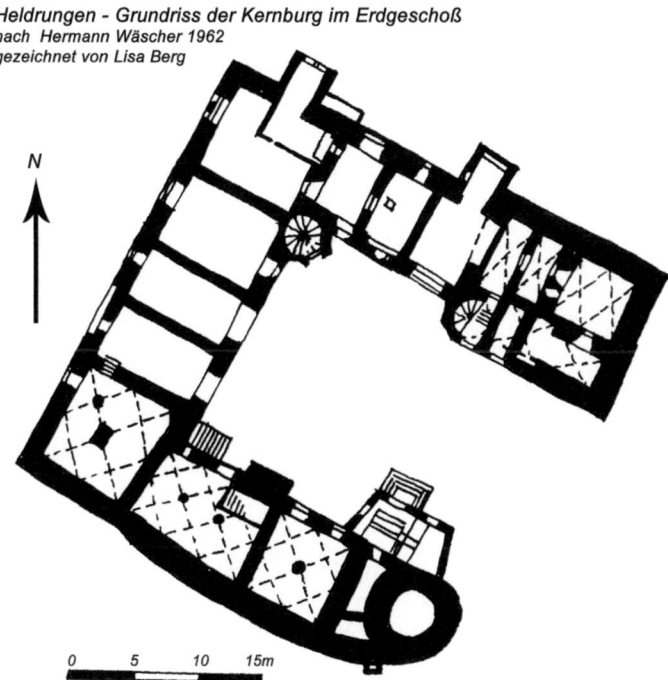

N

0   5   10   15m

Im Bauernkrieg 1525 wurde die Burg, wie auch die ganze Region, von den aufrührerischen Bauern bedrängt. Nach der Niederschlagung der Bauern-Revolution wurde deren Anführer Thomas Müntzer auf Burg Heldrungen gefangen gehalten. Im Jahr 1620 kaufte Kurfürst Georg von Sachsen den Mansfeldern die Burg ab.

Der beginnende Dreißigjährige Krieg veranlasste ihn, die Burg für die Thüringer Pforte als Stützpunkt auszubauen. Die Burg wurde zur Festung und dadurch zum strategischen Streitobjekt. Sie geriet während dieses Krieges in zahlreiche Wirren, wurde mehrfach belagert und auch mehrfach erstürmt. Die letzte Eroberung durch die Schweden im Jahr

1645 hatte eine Zerstörung der Burg zur Folge. Nach der Beendigung des Dreißigjährigen Krieges und einer Erholung der schwer gebeutelten südlichen Vorharzregion, begannen die Mansfelder Grafen die Burg zwischen den Jahren 1664 und 1668 wieder aufzubauen und mit einer einzigartigen Wehranlage zu versehen. Diese Befestigungsarchitektur, mit Wassergräben, Rondellen, Erdwällen und spitzwinkligen Bastionen ist bis heute erhalten, wie auch die zum dreiflügeligen Schloss umgebaute, ehemalige Kernburg. Die gesamte Burganlage zeigt die Schlossarchitektur der beginnenden Neuzeit und verdeutlicht auch das militärstrategische Denken jener Zeit.

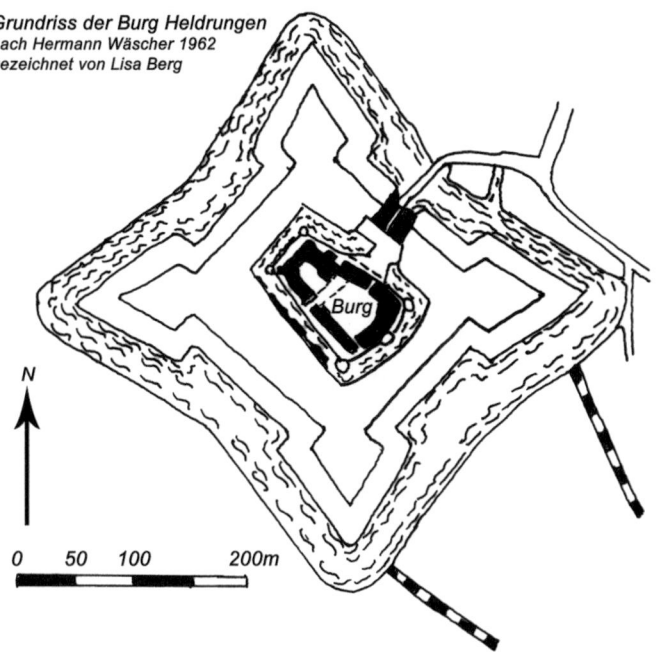

Grundriss der Burg Heldrungen
nach Hermann Wäscher 1962
gezeichnet von Lisa Berg

N

Burg

0   50   100   200m

Heute ist die Wasserburg Heldrungen Jugendherberge, Burgcafé, Veranstaltungszentrum und ein Ausflugsziel, das diesen Namen verdient.

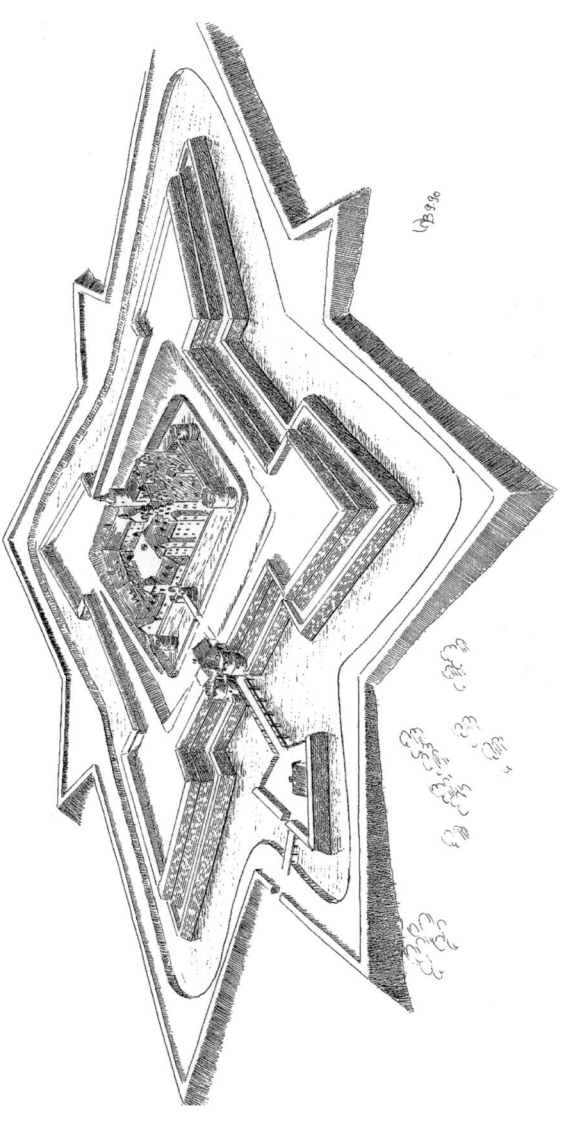

Schloß Feldrunger, Lr. Borken
um 1700

LB 9.90

Ruine Asseburg

Die Asse ist ein Höhenzug im Nordharzer Vorland, östlich von Wolfenbüttel. Dieser 6 Kilometer lange und 2 Kilometer breite Höhenzug ist bis zu 234 Meter hoch und hat der ehemals größten norddeutschen Höhenburg ihren Namen gegeben.

Die Asseburg, die zwischen den Jahren 1218 und 1223 von Gunzelin von Wolfenbüttel erbaut wurde, galt zu ihrer Zeit als uneinnehmbar. Aber die Zeiten ändern sich und mit ihnen die Menschen, deren Strategien und Techniken. Nie erobert, legte der letzte Besitzer, die Stadt Braunschweig, im Jahr 1492 Feuer auf der Burg und sie damit gleichzeitig in Schutt und Asche.

Die Asseburg

Der Bauherr, Gunzelin von Wolfenbüttel (1187 bis 1254), war vom welfischen Dienstmann in die machtvolle Reichsministerialität aufgestiegen und wollte diese Macht eindrucksvoll darstellen. Mit dem Bau der Asseburg hatte er sich dazu einen genialen Standort gesucht. Der Bauplatz lag auf einem südlichen Kamm des Höhenzuges, deren Hänge bis zu 100 Meter steil abfielen.

Mit einem knappen dreiviertel Hektar Grundfläche war die Burganlage gewaltig. Sie war als hochmoderne Abschnittsburg angelegt, mit mehreren gesicherten Höfen, vier Türmen und einem Zwinger. Unterhalb der Hauptburg gab es eine wehrhafte Vorburg. Ein Konstrukt, das vor der Zeit der Feuerwaffen uneinnehmbar war.

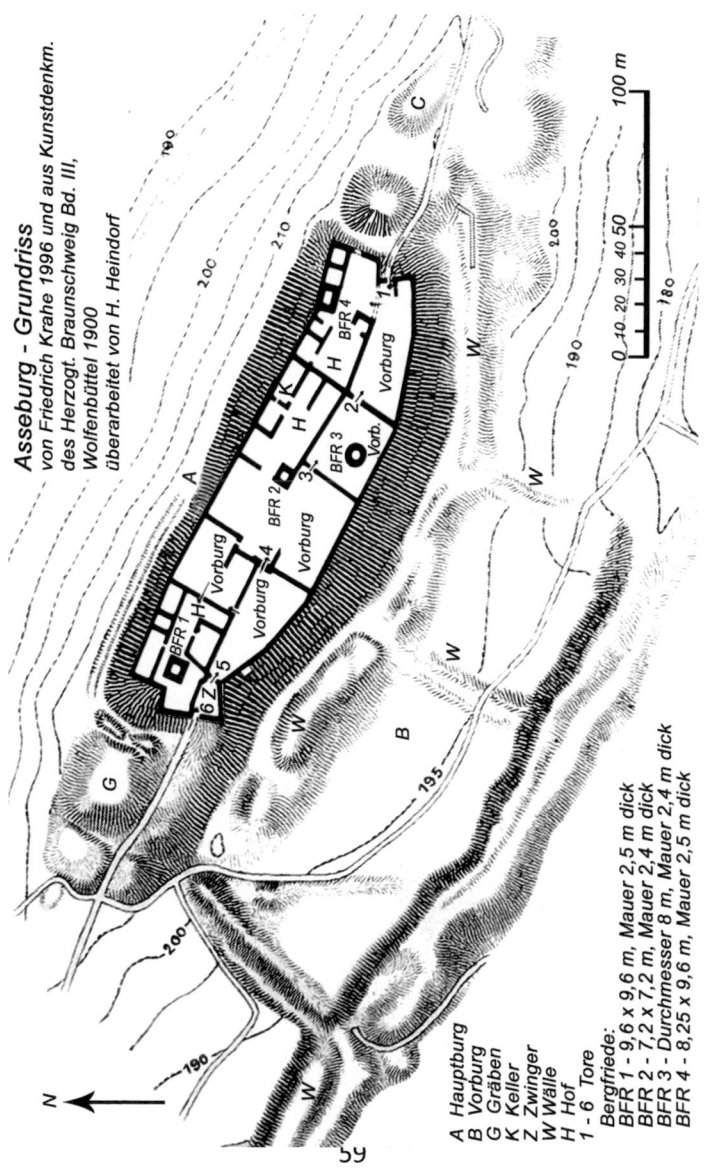

Asseburg - Grundriss

von Friedrich Krahe 1996 und aus Kunstdenkm.
des Herzogt. Braunschweig Bd. III,
Wolfenbüttel 1900
überarbeitet von H. Heindorf

A Hauptburg
B Vorburg
G Gräben
K Keller
Z Zwinger
W Wälle
H Hof
1 - 6 Tore

Bergfriede:
BFR 1 - 9,6 x 9,6 m, Mauer 2,5 m dick
BFR 2 - 7,2 x 7,2 m, Mauer 2,4 m dick
BFR 3 - Durchmesser 8 m, Mauer 2,4 m dick
BFR 4 - 8,25 x 9,6 m, Mauer 2,5 m dick

N

0 10 20 30 40 50   100 m

Aber diese Burg brachte ihrem Erbauer von Anfang an Schwierigkeiten. Mitten in welfischem Gebiet, auf dem Grund und Boden des Stiftes Gandersheim, waren die Probleme für eine derartige Trutzburg vorprogrammiert. Doch Gunzelin war als Truchsess des Kaisers zu mächtig; kaum war er tot, schon begannen die Welfen, unter Herzog Albrecht dem Großen, die Burg zu belagern. Drei Jahre dauerte die Belagerung, die Gunzelins Sohn Burchhard, der sich bereits „von der Asseburg" nannte, unbeschadet überstand. Die Burg lag in Feindesland, was eine Versorgung und Unterstützung schwer machte, hinzu kam starker Wassermangel. So verhandelte Burchhard mit dem Herzog, als Ergebnis dieser Verhandlungen verkaufte er die Burg an die Welfen für 400 Goldmark und freien Abzug. Bis zum Jahr 1330 blieb sie dann in welfischem Besitz. Finanzielle Schwierigkeiten des Herzogtums führten dann dazu, die Burg an die Stadt Braunschweig zu verpfänden.

Altes ruiniertes Schloss Asseburg, Stich von M. Merian um 1650

Im Jahr 1492 forderte Herzog Heinrich der Ältere die Asseburg von der Stadt Braunschweig zurück. Die Stadt lehnte jedoch ab und der Herzog zog mit seinem Heer vor die Burg. Wieder waren es Wassermangel und Versorgungsschwierigkeiten, die die Stadt Braunschweig zwangen, sich zurückzuziehen. Vorher aber brannten sie die Asseburg nieder.

Heute ist die Asseburg eine Ruine, von der nur noch einzelne Mauerreste sowie die unteren Bereiche der Türme vorhanden sind. Trotzdem verspürt man noch heute bei einem Besuch die Kraft und die Mächtigkeit dieser einstigen Ganerbenburg.

Die Vienenburg

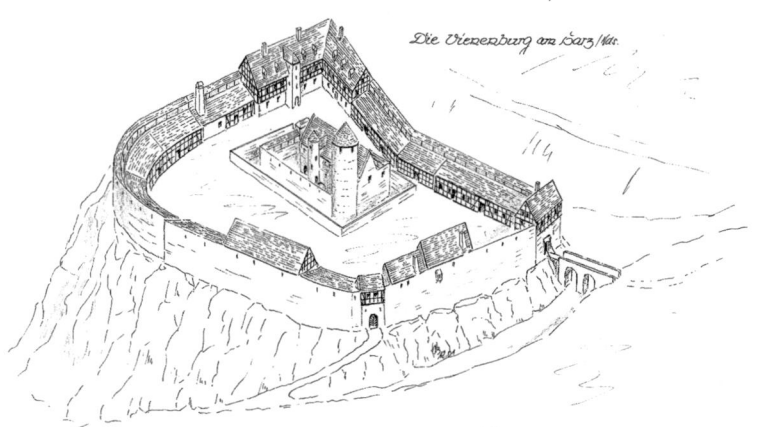

Die Vienenburg am Harz/Mit.

Die Ursprünge dieser in Ringform errichteten Burg werden in einer vorgeschichtlichen Anlage gesehen. Über die Bauherren der Vienenburg und ihre Bauzeit gibt es keine gesicherten Erkenntnisse. Angenommen wird aber, dass die Vienenburg aus den Resten der einstigen Reichsburg Harliburg errichtet wurde. Diese wurde im Jahr 1290 von König Rudolf von Habsburg sowie alliierten Streitkräften zerstört, weil zuvor Herzog Heinrich der Wunderliche die Burg zu Blockadezwecken der Heer- und Handelsstraße Goslar-Braunschweig-Lübeck missbraucht hatte. Als Bauherr wird der Wernigeröder Graf Burchardt und als Bauzeit die Zeit um 1300 angenommen.

Die Region war Hildesheimsches Interessengebiet und es ist zu vermuten, dass Burchardt damit den Interessen seines Vetters Bischof Siegfried von Hildesheim diente.

Im Jahr 1306 wurde „Vieneburch" erstmals urkundlich durch Graf Burchardt erwähnt, ob damit aber die Burg oder der Ort gemeint war, ist unklar. Auch für die Stadt Vienenburg, gelegen im nordwestlichen Harzvorland in unmittelbarer Nähe des Harly, wird als Gründungsdatum das Jahr 1306 angenommen. Aber die Vienenburg blieb nicht lange im Besitz der Wernigeröder Grafen, da diese in Geldnot gerieten und die Burg 1341 an die Stadt Goslar verpfändeten. Im Jahr 1367 ging die Burg dann an die Bischöfe von Hildesheim und es folgte eine wahre Odyssee an weiteren Verpfändungen, bis die Burg 1523 an die Herzöge von Braunschweig-Wolfenbüttel gelangte. Dann, knappe hundert Jahre später, wieder ein Eintrag für die Geschichtsbücher. Im Dreißigjährigen Krieg nutzte Wallenstein die Burg als Ausgangspunkt für verschiedenste Operationen im nördlichen Harzvorland. Um diese

Ereignisse spinnen sich einige Sagen. Im Jahr 1643 gelangte die Burg wieder in die Hände der Hildesheimer Bischöfe, wo sie bis 1802 verblieb. Ab diesem Zeitpunkt wurde die Burg zur preußischen Domäne, ihre strategische Bedeutung war verloren gegangen. Die Burg verfiel und wurde zum Teil abgetragen, mit den Steinen wurden Domänen-Gebäude errichtet.

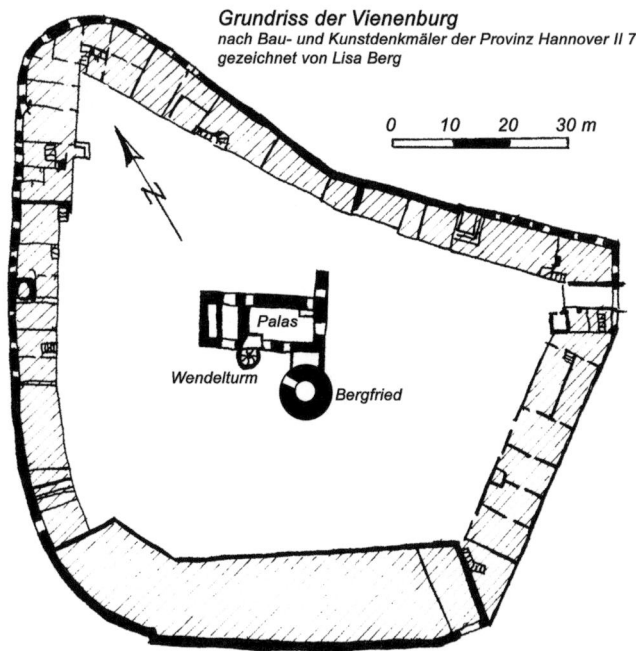

Grundriss der Vienenburg
nach Bau- und Kunstdenkmäler der Provinz Hannover II 7
gezeichnet von Lisa Berg

0   10   20   30 m

Die Vienenburg ist heute nur noch als Ruine erhalten. Auf dem 85 x 125 Meter großen Burgplatz dominieren die imposanten Reste des Bergfrieds mit einer Höhe von 24 Meter und einer Mauerstärke von 2,63 Meter. Auch umfangreiche Reste des ehemaligen Palas sind noch vorhanden. Die gesamte Burganlage sowie die Gebäude der Domäne, die sich auf einem 165 Meter hohen Landrücken im Südteil der Stadt Vienenburg befinden, sind heute in Privatbesitz.

Die Burgruine Hasselburg bei Bad Harzburg

Die Hasselburg im Eckertal bei Bad Harzburg

Die Ruine der Hasselburg liegt auf einem Nordabhang zwischen den Flüssen Radau und Ecker nahe Bad Harzburg. Von ihrer Entstehung ist uns bisher nichts überliefert.

Die Burg, die auf dem Woldsberg unweit des Aussichtspunktes „Wernigeröder Bank" lag, ist vermutlich von den Herren von Veckenstedt erbaut worden. Diese waren bis zum Jahr 1017, als die Ilsenburg zum Kloster umgewandelt wurde, dort Reichsvögte. Der Verlust ihrer Ämter wurde mit dem Erwerb von Wäldern, zu denen der Woldsberg gehörte, ausgeglichen.

Im Jahr 1018 wurde dann die Hasselburg im Zusammenhang mit der Wüstung Bovingerode erstmals genannt. Über die Zerstörung und Auflassung der Burg gibt es keine Fakten zu berichten.

An sich war die Hasselburg, mit einer Größe von zirka 20 x 40 Meter und einem strategisch gut gewählten Platz, sicherlich zu ihrer Zeit von Bedeutung. Davon zeugen heute nur noch Gesteinstrümmer und Mauerschutt sowie Wälle und Gräben. Im Ostabhang des Burgplatzes gibt es eine natürliche Höhlenkluft, die „Brunnen" genannt wird und mit Burgtrümmern verstopft ist.

Hasselburg bei Bad Harzburg - Grundriss

F.-W. Krahe 2000 nach F. Stolberg 1968, dieser nach R. Nehring 1958

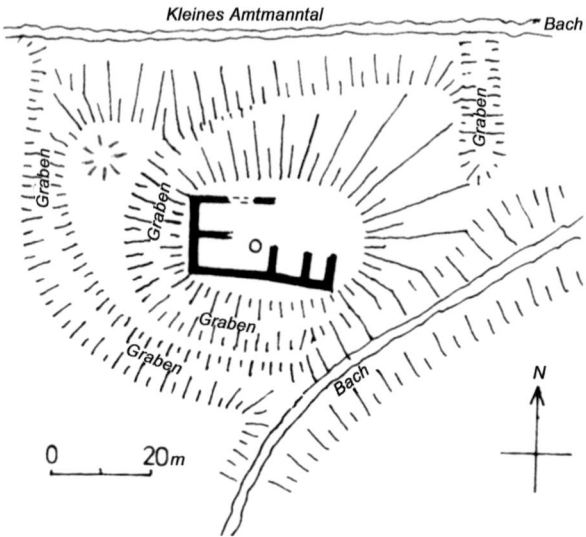

Die Burgruine liegt nahe des „Diebesstiegs", der aus dem Eckertal zu den Rabenklippen mit dem Luchsgehege und weiter zum Molkenhaus führt.

Der Alte Falkenstein

Eine ehemalige Reichsburg, die seit ihrer Zerstörung im Jahr 1115 in Vergessenheit geraten ist. Sie ist damit eine von zahlreichen Burgen, die als Ergebnis des von Kaiser Heinrich V. geführten Sachsenkrieges geschleift wurde. Da heute in unmittelbarer Umgebung die „Neue Burg Falkenstein" das allgemeine Interesse auf sich zieht, ist der Alte Falkenstein, der Heinrich IV. zugeschrieben wird, kaum noch im Bewusstsein.

Über die Entstehung dieser hochmittelalterlichen Burgfeste gibt es keine verlässlichen Quellenangaben. Auf Grund der Burgenarchitektur schreibt man die Burg hoch über dem Selketal, unweit von Pansfelde, dem Schwaben Benno II. zu, einem genialen Burgenbaumeister, der später Bischof von Osnabrück wurde. Diese im Schwabengau, auf einem 335 Meter über Normalnull gelegenen Bergrücken über dem rechten, unteren Selke-Ufer erbaute Burg, bestand aus einer 25 x 65 messende Meter ovalen Hauptburg sowie einer schmalen, etwa 85 Meter langen Vorburg. Die gesamte Burganlage zog sich über eine Länge von etwa 200 Meter hin. In der „Annalista Saxo" wird angegeben, dass die Burg im Jahr 1115 im Kampf der Sachsenfürsten gegen Heinrich V. zerstört wurde. Graf Hermann von Winzenburg wird als kaiserlicher Feldhauptmann und Burgherr genannt. Die Burg wurde nie wieder aufgebaut.

Alter Falkenstein - Grundriss und Schnitt der Burg
von H. Wäscher 1962

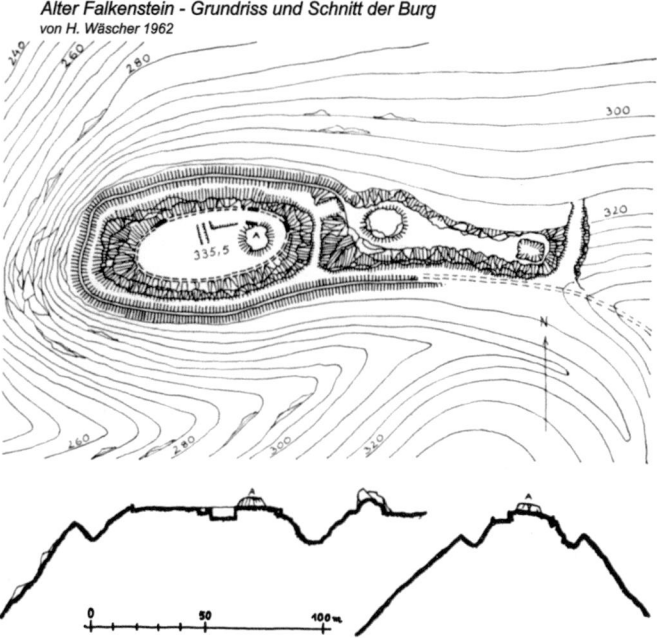

Ihr Standort war wohl strategisch nicht sicher genug. Vermutet wird auch, dass damals auf dem Gelände der neuen Burg Falkenstein schon eine Befestigungsanlage bestand. Nach der Zerstörung des Alten Falkensteins wurde von den regionalen Grafen von Konradsburg begonnen, die neue Burg Falkenstein zu errichten, die verteidigungstechnisch sicherer angelegt war. Auch ist anzunehmen, dass dazu Baumaterial von der zerstörten Burg genutzt wurde, was üblich war.

Der Alte Falkenstein ist ein lohnendes Wanderziel. Ursprüngliche Natur, ein beeindruckender Selketal-Blick und die Mystik der einstigen Burganlage sind es wert, den etwa 3,5 Kilometer langen Weg von Pansfelde auf sich zu nehmen.

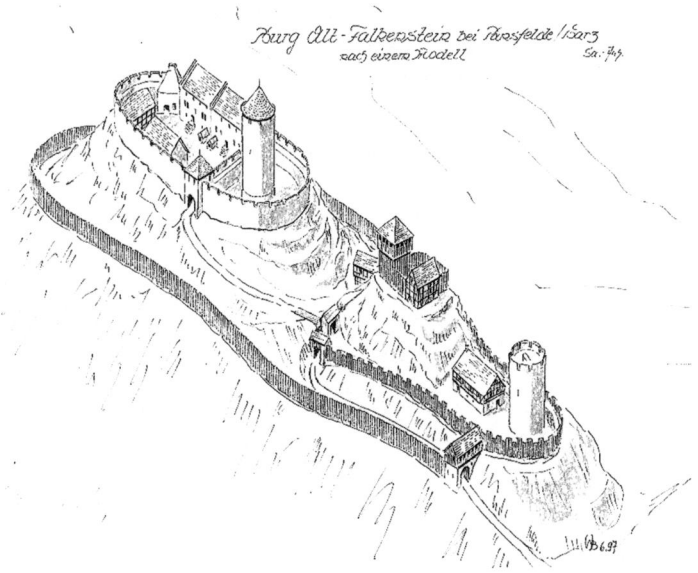

Unweit des alten Falkensteins gibt es auch einen attraktiven Rastplatz mit neuer Köhlerhütte und Schautafeln, wo sich eine angenehme Wanderpause einlegen lässt.

Die Treseburg

Die Treseburg ist eine von zahlreichen Bodetalburgen, die zur Sicherung der alten Handelswege diente und dem dort ansässigen Hüttenwesen Schutz bieten sollte. Das wissen wir, viel mehr nicht. Kaum urkundliche Daten, kaum Erwähnungen – gebaut und zerstört von Unbekannt. Genauso wie bei ihrer Schwester, der Schöneburg bei Altenbrak.

Auf Grund ihrer Architektur kann angenommen werden, dass die Treseburg um das Jahr 965 erbaut wurde. Zu jener Zeit und auch die Jahrhunderte danach hatte das Halberstädter

Hochstift die Lehenshoheit in dieser Region. Daraus aber abzuleiten, dass die Halberstädter Bischöfe die Bauherren waren, ist Spekulation. Eine weitere Erwähnung findet die Treseburg im Jahr 1088 in den Sachsenkriegen von Heinrich IV..

Die Treseburg im Harz

Zerstört worden sein soll sie in den Bauerkriegen um 1525. Es heißt, die Treseburger hätten danach ihre Häuser aus den Resten der Burg erbaut und ihren Ort zum Gedenken an die Burg Treseburg genannt. Die Burg liegt auf einem schmalen, 324 Meter hohen Felsriegel, der im Osten, Westen und Süden von der Bode in einer Schleife umlaufen wird. Die gesamte Burganlage gehörte mit etwa 45 x 100 Meter nicht zu den Kleinsten. Auch der Bergfried von etwa 10 Meter Durchmesser war durchaus wehrhaft. Drei Viertel der Anlage werden von einem Ringgraben umzogen. Möglicherweise gehörte er zu einer schlichten älteren Ringwallburg. Die Kernburg wird von einem Doppelgraben quer geteilt. Teile der Ringmauer sind noch sichtbar; im Süden liegt eine Vorburg.

Gesichert ist die Erkenntnis, dass, als Merian Mitte des 17. Jahrhunderts den Harz besuchte, die oberhalb gelegenen Burgen Birkenfeld und Schöneburg bereits Ruinen waren; es kann davon ausgegangen werden, dass es bei der Treseburg nicht anders war.

Ein Aufstieg auf die Felsnase der Treseburg ist gut möglich und auch empfehlenswert. Die Wege sind gut begehbar und neben den Resten der Burg belohnen zwei Aussichtspunkte, mit attraktiven Ausblicken auf Treseburg und das Bodetal, den Wanderer.

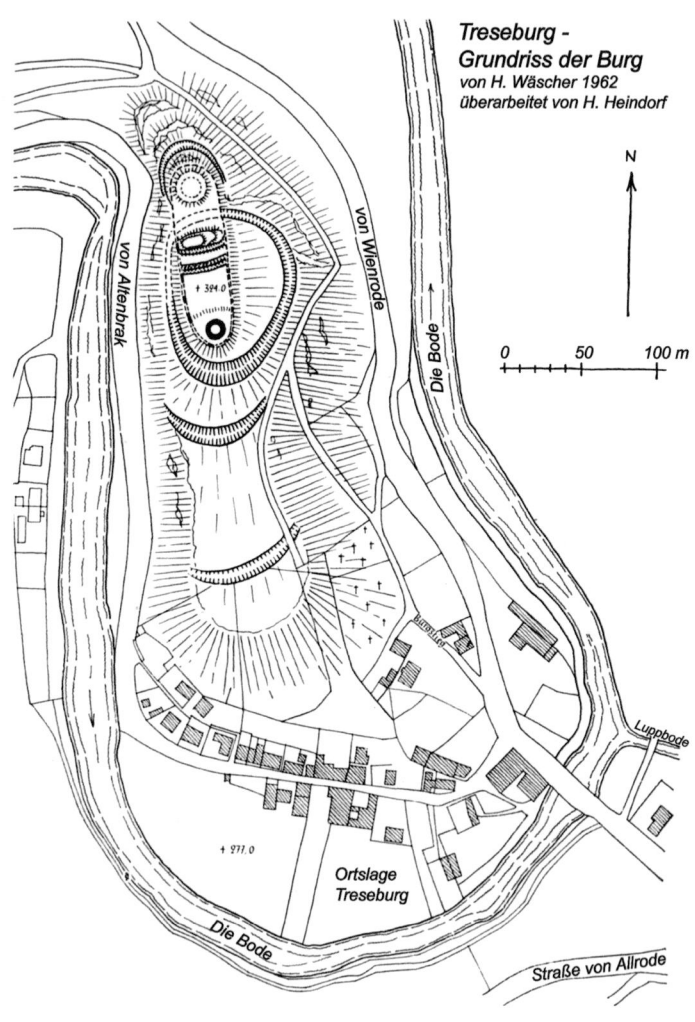

Treseburg -
Grundriss der Burg
von H. Wäscher 1962
überarbeitet von H. Heindorf

N

0   50   100 m

von Wienrode

von Altenbrak

Die Bode

+ 394.0

Luppbode

Luppbode

+ 277.0

Die Bode

Ortslage
Treseburg

Straße von Allrode

Burg Kanstein

Die Burg auf dem Kanstein bei Langelsheim wird auch Hindenburg genannt. Zwei Namen für eine Burg, die für uns keine Geschichte hat. Nicht eine Quelle berichtet uns über die mächtige, etwa 175 x 170 Meter umfassende Burganlage auf dieser Vorharzer Hochfläche. Nur Reste von Wall- und Grabenanlagen geben Zeugnis davon, dass auf dem 210 Meter hohen Geländevorsprung einstmals eine wehrhafte Burganlage gethront hat. Im Norden war ein Vorwall vorgelagert.

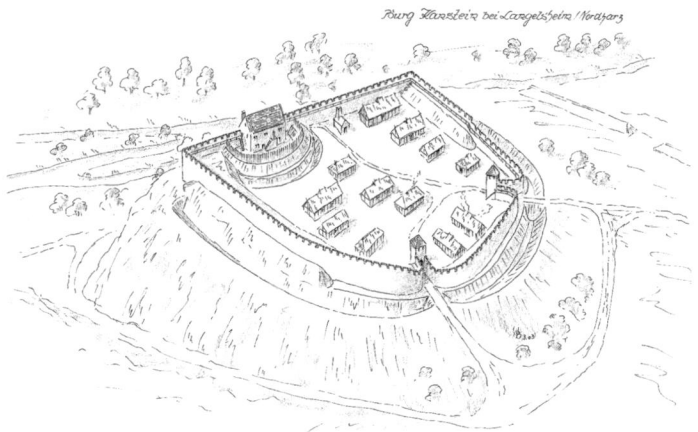

Burg Kanstein bei Langelsheim / Nordharz

Über 30 Meter erhebt sich der steile Burghang über das Tal der Innerste. Archäologische Grabungen ergaben, dass dieses Kastell in die karolingische Epoche des 8. bis 9. Jahrhunderts einzuordnen ist.

Die Kernburg von 45 m Länge im äußersten Südwesten war einst von einer mächtigen Ringmauer von 1,5 Meter Dicke und 4 Meter Höhe umgeben. Ein Palas von 10 x 20 Meter wurde darin nachgewiesen; die Ausgrabungen erfolgten durch Dr. Alfred Tode († 1996). Die Reste eines Kammertores weisen Ähnlichkeiten mit denen von Werla unter Heinrich I. auf.

Mehr wissen wir nicht über diese einstige Trutzburg des frühen Mittelalters zu berichten. Ihre Entstehung wird die Burganlage wohl der Tatsache ihrer besonderen strategischen Lage verdanken. In unmittelbarer Nähe des Kansteins verliefen damals zwei Furten. Der Helweg, auch „Alte Straße" oder „Via regis" genannt, querte diese Furten, und er zählte zu den bedeutendsten Fernwegen seiner Zeit. Als Königsweg diente er sicherlich auch als Verbindung zwischen der Pfalz Aachen und Magdeburg.

Auch wird angenommen, dass die Karolinger diesen Weg bei den Feldzügen gegen die Sachsen im norddeutschen Raum nutzten. Später werden die nachfolgenden Ottonen die Burg zur Gebietssicherung eingesetzt haben, wobei sie auch in der Schlacht gegen die Ungarn sicherlich eine Rolle gespielt haben dürfte. Nach dem Tod von Otto III. hatte die Burg Kanstein wohl an Bedeutung verloren, nachdem Heinrich II. die Pfalz Werla an der Oker nach Goslar verlegt und anscheinend auch die Pfalz in Derenburg aufgegeben hatte.

Heutzutage sind von der Burgruine infolge von Steinbrucharbeiten nur noch geringe Reste erhalten.

Kanstein bei Langelsheim, LK. Goslar - Grundriss der Burgruine
Zeichnung des Ausgräbers Dr. Alfred Tode 1969, überarbeitet von H. Heindorf 2016

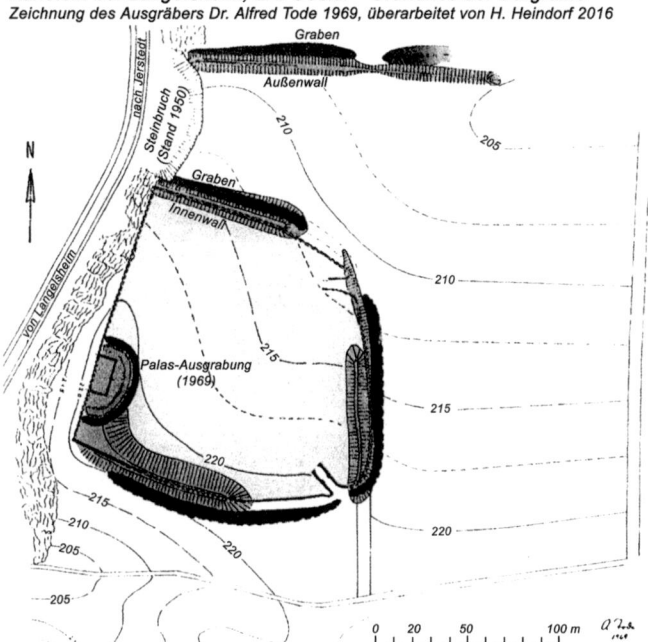

Quelle: Wolf-Dieter Steinmetz, Archäologie und Geschichte
der karolingisch-ottonischen Burg auf dem Kanstein bei Langelsheim,
Braunschweig 2003

Birkenburg im Okertal

Die Birkenburg, auch Wildenstein genannt, ist eine von mehreren alten Burganlagen im wildromantischen Okertal. Gelegen ist sie etwa 0,5 Kilometer westlich von Romkerhall, auf einem einzeln stehenden Felskegel mit einer Höhe von 400 Meter über Normalnull über dem linken, nördlichen Ufer der Oker.

Die Birkenburg gehörte dem Rittergeschlecht von Wildenstein, das zum Patriziat der Reichsstadt Goslar zählte. Die Wildensteiner hatten im Hochmittelalter umfangreiche Besitztümer im Harz. In der Zeit von 1173 bis 1199 war Volkmar de Goslaria als erster nachgewiesener Vertreter dieses Geschlechtes kaiserlicher Vogt in Goslar. Volkmar und seine Gattin Helene waren auch im Jahr 1186 die Gründer des Stiftes Neuwerk.

Sein Nachfahre, Burchard de Goslaria, änderte dann den Namen der Familie, auch rückwirkend, in „de Wildenstein". Burchard, oder bereits sein Vorgänger, sollen auch um das Jahr

1261 die Burg Wildenstein zum Schutz ihrer umfangreichen Güter und Besitztümer im Oker- und Sösetal erbaut haben, wie angenommen wird. Abgeleitet wurde der Name des Rittergeschlechtes und der Burg von den nahe dem Burgberg gelegenen Wildensteinklippen, die heute Rabenklippen heißen. Der heutige Name der Burg ist auf den Eintrag „Birkenburg" auf einer Forstabrisskarte vom Jahr 1680 zurückzuführen und nimmt wahrscheinlich Bezug auf das am Burgberg gelegene kleine Birkental.

Ritter Burchard muss sich wohl mit den Räten der Stadt Goslar überworfen haben, denn der Stadt gehörte der Grund und Boden im Okertal. Burchard wurde im Jahr 1288 verpflichtet, die Burg wieder abzubrechen. Ob und wann die Burg abgebrochen wurde, ist nicht überliefert. Seit dem Jahr 1346 gibt es keine Mitteilungen mehr vom Geschlecht der Herren von Wildenstein. Im Jahr 1552 ging der Besitz von der Stadt Goslar an den Herzog Heinrich den Jüngeren von Braunschweig über.

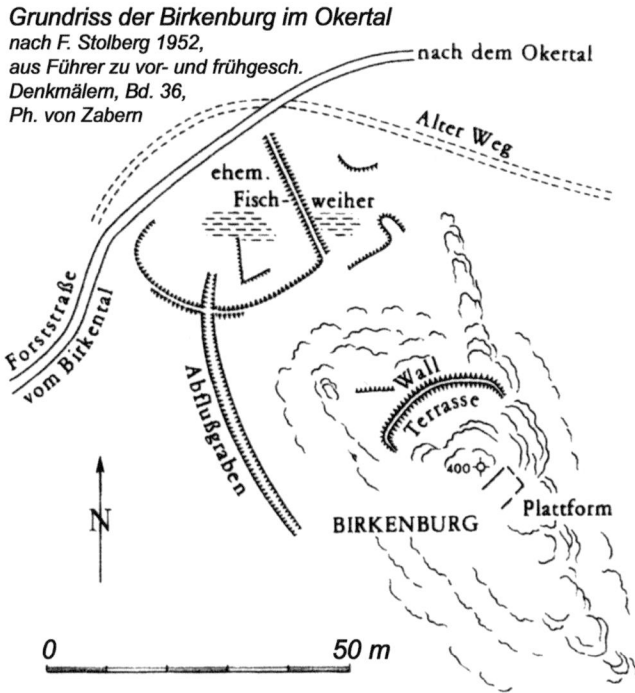

Grundriss der Birkenburg im Okertal
nach F. Stolberg 1952,
aus Führer zu vor- und frühgesch.
Denkmälern, Bd. 36,
Ph. von Zabern

Die Birkenburg war eine sehr kleine Burg, die in mehreren Ebenen am Berg angelegt war. Auf der Spitze des Kegels befindet sich eine eingeebnete Plattform von nur 5 x 6 Meter, wohl Standort eines Bergfrieds. Einige Meter weiter unten ist eine künstliche Terrasse geschaffen worden, die 10 x 25 Meter misst und von einem sichelförmigen Steinwall umgeben und gestützt wird. Diese Terrasse war offenbar Standort der Wohn- und Wirtschaftsgebäude.

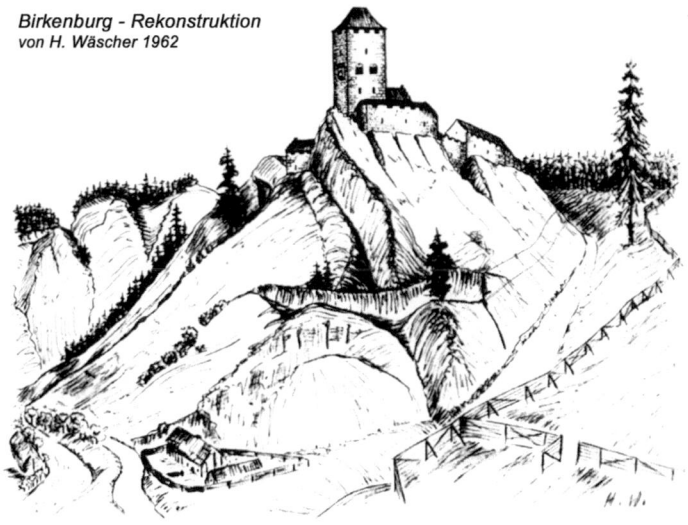

Birkenburg - Rekonstruktion
von H. Wäscher 1962

Allein gegen Südosten hin fällt die Bergkuppe ins Okertal ab. Den Gipfel bildet eine kleine Felsspitze im Nordwesten. Auf halber Höhe befindet sich jene künstliche Terrasse, wo teilweise der senkrecht abgeschlagene Fels zu sehen ist.

Wenige Meter südwestlich unterhalb des Fels-Gipfels wurde während der Aufmaß-Arbeiten vor einigen Jahren eine Brandschicht mit viel Holzkohle und auch angeziegelter Lehm (Hüttenlehm) gefunden. Darin bzw. unterhalb davon fanden sich die Wandungsscherbe eines Kruges mit Riefen und geriffelter Leiste, daneben der Rest eines Eisenringes (Dr. L. Klappauf); auch früher wurden schon einige grautonige Scherben (F.-A. Linke, Goslar) sowie vordem eine kleine Dachschieferplatte mit Nagelloch am Nordhang der teilumwallten Terrasse geborgen.

Ein Weg führte spiralförmig auf den Kegelberg. Am Fuße des Berges liegen zwei versumpfte Teiche mit Dämmen und Wassergräben. Das Vorhandensein dieser Teiche wird noch im Jahr 1320 urkundlich belegt. Die Zuwegung erfolgt am besten – etwas „umwegig" – vom Gasthaus Romkerhall auf einem Wanderweg bergan mit dem Ziel „Rabenklippe", der „Birkenburg" (Wanderkarte).

Die Birkenburg war ein Projekt der Archäolog. Burgenerfassung in Niedersachsen durch den leider zu früh verstorbenen bekannten Burgenforscher Dr. H.-W. Heine (* 1948 - † 2012).

Die Ahlsburg im Eckertal

Die Ahlsburg a. d. Ecker bei Bad Harzburg

Das Eckertal zwischen Ilsenburg und Bad Harzburg ist der Standort der Ahlsburg. Dort am Nordharz, wo schon seit dem Mittelalter Menschen gesiedelt haben, waren die Täler der

74

Harzflüsse auch Zugangswege zum Harz und Handelswege. Außerdem hatte man von den Bergkuppen am Harzrand einen guten und weiten Blick ins flache Land.

Diese strategisch günstige Lage war offenbar auch der Grund für den Bau der Ahlsburg auf einer 389 Meter hohen Klippe, unmittelbar am rechten Ufer über der Ecker. Die zweizackige Granitklippe wird an dieser Stelle in einer Schleife von der Ecker umflossen, gegenüber liegt die bekannte Hausmannsklippe. Ein idealer Standort für eine kleine mittelalterliche Höhenburg, die nur von südöstlicher Richtung aus zugänglich war.

Wenig wissen wir über diese Burg. Das umliegende Land war seit dem 10. Jahrhundert Königsgut und wurde wahrscheinlich im 12. Jahrhundert Lehen des Rittergeschlechtes derer von Burgdorf. Angenommen wird, dass Alard von Burgdorf der Ältere den Bau der Burg Mitte des 12. Jahrhunderts zur Sicherung seines Besitzes vornahm; vielleicht diente sie auch noch als Zollburg.

Die Ruine der Ahlsburg
Lisa Berg nach Stolberg

Eine erste urkundliche Erwähnung fand die Burg erst durch Kaiser Karl IV. im Jahr 1357 in einer Lehensbestätigung an einen weiteren Alard von Burgdorf. Damals wurde die Burg als Alardestein bezeichnet, wovon sich wohl der heutige Name Ahlsburg ableitet. Ab Ende des 15. Jahrhunderts gelangten die Burg sowie die umliegenden Ländereien in die Hände der Grafen von Wernigerode. Die weitere Geschichte dieser Burg liegt im Dunkel der Geschichte. Auch wann die Burg aufgegeben wurde und wann der Verfall einsetzte, ist nicht bekannt.

Grundriss der Ahlsburg im Eckertal
Lisa Berg nach H. Wäscher 1962

Die Burgruine weist die Reste eines Turmes, mit den Abmaßen 5,5 x 6,1 Meter sowie Mauer- und Fundamentreste eines 7,3 x 10,6 Meter großen Gebäudes auf. Auch der Burgzugang durch eine eingehauene Felsenrinne sowie ein bergseitig ausgehauener Graben sind noch vorhanden. Der Wanderweg durchs Eckertal Richtung Eckerkrug führt in unmittelbarer Nähe an der Burgruine vorbei.

Der Treppenstein im Okertal

Das Okertal ist nicht nur landschaftlich und geologisch ein äußerst interessanter Ort, es birgt auch noch viele geschichtliche Geheimnisse. Eines davon ist der Treppenstein – Granitbastion, Kletterfelsen, Aussichtspunkt und frühzeitliche Burganlage in einem. Der Treppenstein ist ein etwa 470 Meter über Normalnull gelegener Granitfelsgrat am östlichen Ufer der Oker. Er liegt etwa 2 Kilometer südlich von Goslar-Oker.

Burg Treppenstein im Okertal/Harz

Der auf dem Wanderweg zwischen Romkerhall und Kästeklippen gelegene Treppenstein wird noch in Kleiner und Großer Treppenstein unterteilt. Die Granitklippen des Treppensteins weisen die für diese Region typischen Wollsackverwitterungen auf. Darunter versteht man chemische und physikalische Prozesse, die kantengerundete Gesteinsblöcke entstehen lassen, die eben bildlich wie prallgefüllte Wollsäcke übereinander liegen.

Burg Treppenstein im Okertal/Harz
von Friedrich Stolberg 1968

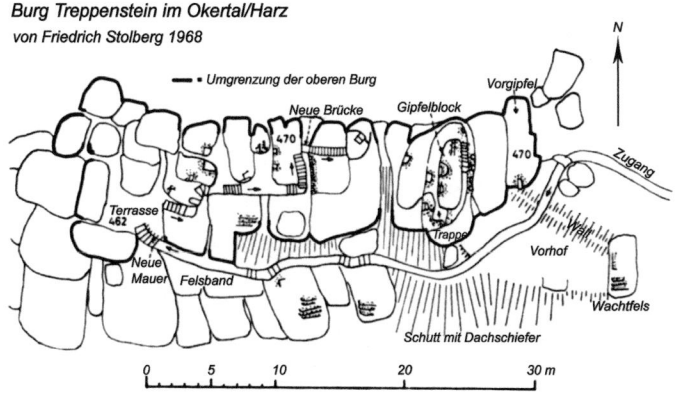

77

Auf dem gesamten Klippenareal zeugen allenthalben Treppenstufen, Falze für Schwellen, Lager für Balken sowie eingehauene Stufen und Tritte von menschlichen Aktivitäten. Ihr Ostteil ist zweifelsfrei als alter Burgplatz mit Wall ausgebaut gewesen.

Funde alter Holzbeschläge sowie Dachschiefer liefern Zeugnis davon, dass dort einstmals bauliche Anlagen bestanden haben. Aber „nichts Genaues weiß man nicht", schriftliche Überlieferungen oder Daten sind nicht bekannt.

Heute sind die Treppensteine beliebtes Ausflugsziel, Aussichtspunkt und die maximal 35 Meter hohen Klippen sind äußerst anspruchsvolle und beliebte Kletterfelsen.

Königspfalz Werla

Die Pfalz Werla war eine der bedeutendsten Stätten der deutschen Reichsgeschichte des Früh- und Hochmittelalters. Zum Namen der Pfalz „Werla", die nördlich von Schladen an der Oker liegt, gibt es unterschiedliche Deutungen. Auch Bauherr und Bauzeit sind nicht geklärt, man geht aber davon aus, dass die Anfänge dieser Pfalz auf die Sachsen des 7. bis 8. Jahrhunderts zurückgehen, wobei eine noch frühere Nutzung bis in die Steinzeit durch entsprechende Funde und Siedlungsspuren vermutet wird.

Erste Kunde von der Pfalz Werla erhalten wir durch den Chronisten Widukind von Corvey, der die „Burg Werla" für das Jahr 924 nennt. Nach seinen Angaben hatte dort König Heinrich I. Schutz vor den eingefallenen Ungarn gesucht. Da, wie Widukind berichtet, die Ungarn in ganz Sachsen große Verheerungen angerichtet hatten, muss die Pfalz zur damaligen Zeit schon recht gut befestigt gewesen sein, um diesem Ansturm Stand zu halten. Des Königs Mannen stellten sich dort zwar nicht den Ungarn zum Kampf, aber sie konnten einen bedeutenden Fürsten der Ungarn gefangen nehmen und so einen neunjährigen Frieden erzwingen.

Die Königspfalz von Werla liegt auf dem Gemeindegebiet von Werlaburgdorf im Landkreis Wolfenbüttel. Sie war mit ihren etwa 20 Hektar, nach dem Kreml, Europas zweitgrößte mittelalterliche Befestigungsanlage. Diese 20 Hektar entsprechen etwa dem Flächeninhalt von 16 Fußballfeldern. Vieles rund um die Pfalz muss noch wissenschaftlich erforscht werden. Was nicht ganz einfach ist, denn die riesige Anlage verlor bereits ab 1025 ihre Bedeutung. In diesen 101 Jahren von 924 bis 1025 konnten aber mindestens 17 Königs- oder Kaiseraufenthalte nachgewiesen werden. Werla kann somit als ein Machtzentrum der Ottonen bezeichnet werden.

Später gewann die neue Pfalz im aufstrebenden, reichen Goslar zunehmend an Bedeutung und löste Werla als Residenz ab. Im Jahr 1180 kam es durch Kaiser Friedrich I. Barbarossa zum letzten Kaiserbesuch auf der Werla.

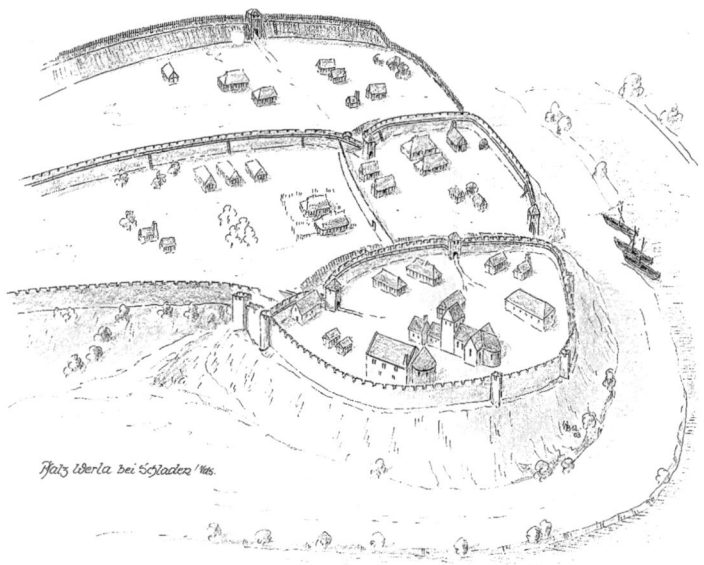

Pfalz Werla bei Schladen / Nds.

Barbarossa wählte diese traditionsreiche Pfalz zum Hoftag, wohl mit dem Hintergedanken, die Bestrafung von Heinrich dem Löwen einzuleiten. Es folgte eine unerklärliche Erweiterung der Anlage um zwei große Vorburgen. Um 1350 verstarb der letzte Herr von Werla, der als Lehensträger fungierte. Dann wurde die Pfalz aufgegeben und verfiel, das Lehen ging an die Herren von Burgdorf über.

Die Pfalz Werla geriet in vollständige Vergessenheit. Erst im 19. Jahrhundert erinnerte man sich wieder an sie und entdeckte sie neu.

Die Pfalz, die auf einem natürlichen Plateau des Kreuzberges 17 Meter über der Oker liegt, wird nun seit 1875 wissenschaftlich untersucht. Archäologisch ausgegraben wurden bisher die Hauptburg, die innere und die äußere Vorburg. Seit 2007 finden erneut intensive archäologische Grabungsarbeiten statt, die ständig neue Funde ans Tageslicht bringen und zu neuen Erkenntnissen führen. Heute ist für Besucher wieder einiges zu sehen und zu entdecken, und täglich kommt Neues hinzu. Zahlreiche Funde von den Grabungen sind im Heimatmuseum Alte Mühle in Schladen zu sehen. Inzwischen wurden ein Ringmauerstück nebst Torturm und Teile der Vorburgwälle rekonstruiert.

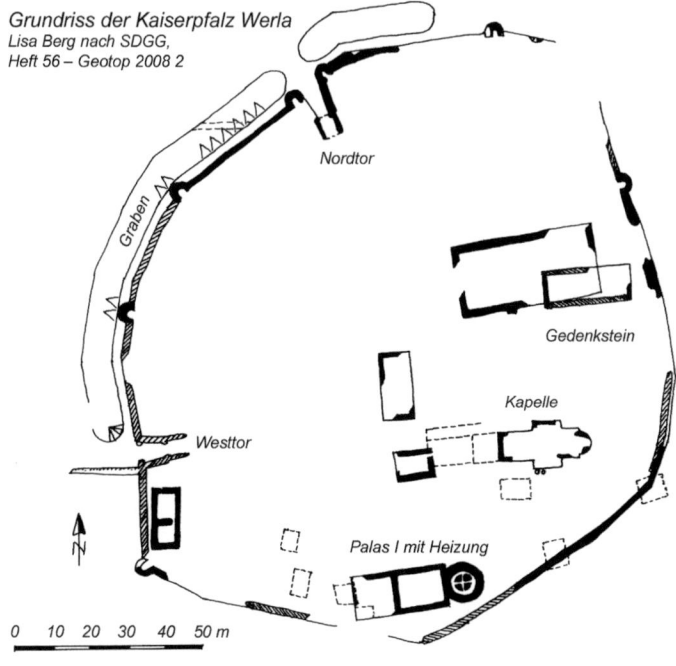

Grundriss der Kaiserpfalz Werla
Lisa Berg nach SDGG,
Heft 56 – Geotop 2008 2

Nordtor

Graben

Gedenkstein

Kapelle

Westtor

Palas I mit Heizung

0   10   20   30   40   50 m

Der Förderverein „Kaiserpfalz Werla" ist dabei, einen Archäologischen Park aufzubauen. Ziele sind die Förderung der wissenschaftlichen Arbeiten, aber auch der Aufbau einer mittelalterlichen Kulturlandschaft mit vielfältigen Nutzungsbereichen.

Die Alte Burg Aschersleben

Die Alte Burg in Aschersleben wird auch als Burg Askania bezeichnet. Der Name rührt wohl daher, dass diese Burg eine Burg der Askanier war, wenn auch nicht ihr ursprünglicher Grafensitz, denn jener ist nicht erhalten.

Das Grafengeschlecht der Askanier hatte sich um das Jahr 1000 aus suebischen und sächsischen Adelsverbindungen gebildet und entwickelte sich zu einem der einflussreichsten Adelsgeschlechter im gesamten sächsischen Kernland sowie insbesondere in der Harzregion. Aus dem Hause Askanien entwickelte sich im 13. Jahrhundert das Fürstentum Anhalt.

Alte Burg Aschersleben, Zustand am Anfang des 19. Jahrhunderts,
Alter Stich, Urheber unbekannt

Die Region um Aschersleben und insbesondere das Einetal waren schon in frühgeschichtlicher Zeit Siedlungsgebiete. Diese Besiedlung setzte sich über die Völkerwanderungszeit hinaus fort und war Grundlage dafür, dass sich dort alte Heer- und Handelsstraßen entlangzogen und kreuzten. Im Jahr 753 wurde dann erstmals ein Ort namens Ascegereslebe in den Quellen genannt. Dieser Ort war Teil des von den Franken eroberten Thüringer-Reiches, Aschersleben wird somit als älteste urkundlich erwähnte Stadt Sachsen-Anhalts angesehen.

Auf einer Bergnase des Wolfsberges, der ungefähr 600 Meter von der heutigen Altstadt entfernt liegt, hatten als erste schon jungsteinzeitliche Bewohner Befestigungen erbaut, wie Bodenfunde belegen, und auch bronzezeitliche Funde sind nachgewiesen. Dieser prädestinierte Standort wurde dann in der Ottonen-Zeit zum Burgenstandort. Es wird angenommen, dass die Askanier im 11. Jahrhundert die Bauherren waren. Dafür gibt es allerdings keine Quellen. Bekannt ist aber, dass Markgraf Gero Mitte des 10. Jahrhunderts den Schwabengau, in dem Aschersleben lag, vereinigte und eine erste Blüte dieser Siedlung einsetzte. Zum Schutz für die zu ihren Füßen gelegene Siedlung wurde diese Burg erbaut.

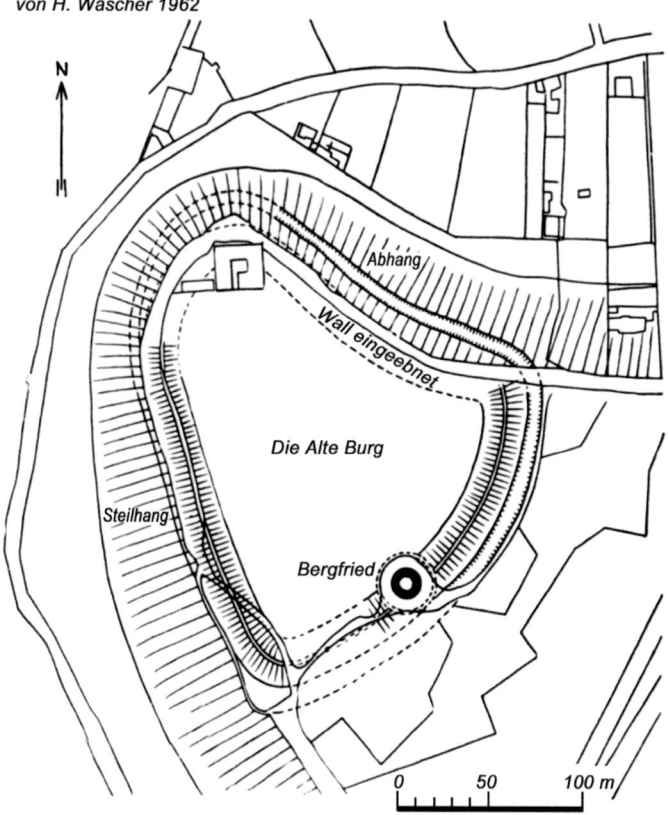

Aschersleben - Grundriss der Alten Burg
von H. Wäscher 1962

N

Abhang

Wall eingeebnet

Die Alte Burg

Steilhang

Bergfried

0   50   100 m

Erste urkundliche Nennungen als Burg gibt es aber erst aus dem 14. und 15. Jahrhundert. Dort wird sie unter anderem als „Aldenburch" bezeichnet. Eine Betitelung aus dem Jahr 1475„ der Berg der da Aschkania heißt" weist auf die Askanier als Besitzer hin. Zu jener Zeit gab es die Alte Burg aber schon lange nicht mehr. Im 12. Jahrhundert lagen die Askanier im Dauerstreit mit Heinrich dem Löwen, und bei kriegerischen Auseinandersetzungen zwischen diesen beiden Parteien soll diese mächtige Burg zerstört worden sein. Die gesamte Burganlage maß damals etwa 190 x 200 Meter.

Aschersleben - Lageplan der Stadt und der Alten Burg
von H. Wäscher 1962

83

Nur der mächtige Bergfried in der Ostfront des Hauptwalls überstand die Zerstörung und auch die folgenden Jahrhunderte. Einstmals maß er 16 Meter Durchmesser bei einer Höhe von 30 Meter, wobei die unteren Mauern 4,25 Meter stark waren. Er hatte aber seine eigentliche Bedeutung verloren und wurde im 14. und 15. Jahrhundert als zwölfte Warte im Umkreis von Aschersleben genannt. In der Neuzeit verlor der Burgturm auch diese Bedeutung, wurde aber lange Zeit noch als Wohnturm genutzt.

Jetzt ist von der Burg auf dem Wolfsberg nur noch wenig zu sehen. Das Gelände wird heute als Tierpark genutzt, vom Bergfried ist nur noch ein Rest von etwa 8 Meter Höhe erhalten; ebenso findet man einige Wallanlagen. Die Turmruine ist eingezäunt und integrierter Bestandteil der Freiflugvoliere für Uhus. Eine kleine Dauerausstellung zur Geschichte der Burg ist im Tierwärterhäuschen zu besichtigen.

Die Ackeburg im Selketal

Es ist ein Insiderplatz, dort wo die Ackeburg einst thronte. Gelegen auf einer aus einer Hochfläche vorspringenden Bergnase auf 334 Meter über Normalnull war und ist es ein idealer Platz, um das untere Selketal zu überblicken. Direkt neben der Ackeburg befindet sich heute ein Aussichtspunkt, der Selkesicht genannt wird. Die Selkesicht liegt hoch über dem Selketal, über dem nördlichen Steilhang.

Gegenüber in südöstlicher Richtung thront die Burg Falkenstein in direktem Sichtkontakt. Ackeburg und Selkesicht liegen etwa 3,5 Kilometer südwestlich von Meisdorf. Der Weg dorthin führt über den ausgewiesenen Wanderweg mit Namen „Meisdorfer Trift", von diesem zweigt in südliche Richtung ein Stichweg (Sackgasse) zur Ackeburg ab. Der Weg lohnt sich, erwarten den Wanderer doch wunderschöne Selketalaussichten und den Fotografen einmalige Motive. Außerdem lädt ein kleiner Rastplatz zum gemütlichen Picknick ein: Dieser Standort ist auch Stempelstelle für die Harzer Wandernadel.

Von der Ackeburg sind keine oberirdischen Baulichkeiten mehr vorhanden. Nur die Gräben und Wälle legen noch Zeugnis von der einstigen Burg ab. Auch ein Dorf soll einstmals zur Burg gehört haben, aber auch davon gibt es keine Zeugnisse mehr. Die einstige Hauptburg hatte einen Durchmesser von etwa 30 Meter und stand auf einer nach allen Seiten abfallenden Fläche. Darüber, Richtung Hochfläche, stand eine etwa 11 Meter breite Vorburg. Etwa 200 Meter weiter nördlich sperrt ein gut 200 Meter langer Wallgraben eine weitere umfangreiche Vorburg ab.

Die historischen Quellen berichten von einem Adelsgeschlecht de Ackenborch im 13. Jahrhundert und davon, dass diese niederen Adligen/Lehensmänner der Grafen von Falkenstein waren. Bereits ab dem 14. Jahrhundert gibt es keinen Hinweis mehr auf die Burganlage, nur noch die Flurbezeichnung Ackeborch wird erwähnt. Der Forst kam dann in den Besitz derer von Buggerode und seit Mitte des 18. Jahrhunderts an die Grafen von Asseburg. Mehr gibt es über die Ackeburg leider nicht zu berichten.

Burg und Schloss Allstedt

Der Ort Allstedt zählt zu den ältesten urkundlich erwähnten Siedlungen der Harzregion, denn bereits im Jahr 777 wird er im „Breviarium Sancti Lulli" genannt.

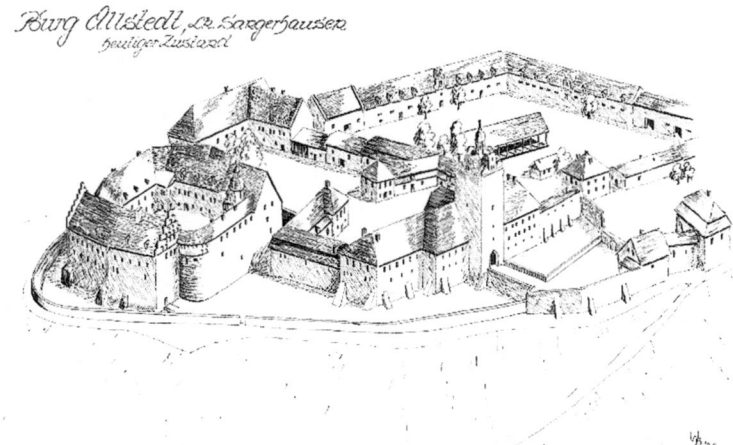

Die Pfalz oder Burg fand ihre erste Nennung zwischen den Jahren 880 und 899 im Hersfelder Zehntverzeichnis, und das Dorf Alstedi war dem Kloster Hersfeld zum Zehnt verpflichtet. Es kann also davon ausgegangen werden, dass Allstedt und seine Pfalz eine karolingische Gründung waren.

Wann und von wem die Pfalz gegründet wurde, sagen uns die alten Quellen nicht. Im 10. Jahrhundert kam die Pfalz dann an die Liudolfinger und wurde zur Kaiserpfalz, was sie bis zum Ende des 12. Jahrhunderts blieb. Urkundlich ist dies von Heinrich I. vom Jahr 935 bis zu Philipp von Schwaben im Jahr 1200 dokumentiert.

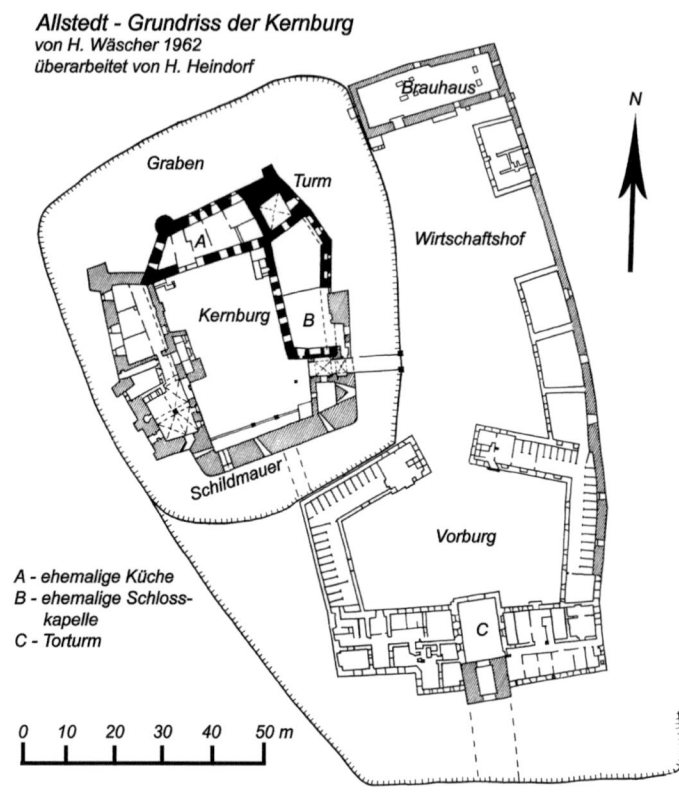

Allstedt - Grundriss der Kernburg
von H. Wäscher 1962
überarbeitet von H. Heindorf

Brauhaus

N

Graben

Turm

Wirtschaftshof

Kernburg   B

Schildmauer

Vorburg

A - ehemalige Küche
B - ehemalige Schloss-
     kapelle
C - Torturm

C

0   10   20   30   40   50 m

Als Otto II. und seine Gemahlin Theophanu um 979 das Kloster Memleben stifteten, wurde der Ort Allstedt dem Kloster überschrieben und die Pfalz zehntpflichtig. Ab 1150 wurden Pfalz und Reichsgut von den Vögten von Allstedt verwaltet. Zu Beginn des 13. Jahrhunderts erlosch das Interesse des Kaiserhauses an dieser Pfalz; sie ging allmählich in Lehensbesitz über. Lehensherren waren: Landgrafen von Thüringen, Grafen von Glieberg, Markgrafen von Meißen, Herren von Beichlingen, Herren von Querfurt, Markgrafen von Brandenburg, Grafen von Mansfeld und von Anhalt. Im Jahr 1363 wurde dann erstmals die sächsische Pfalzgrafschaft Sachsen-Allstedt genannt.

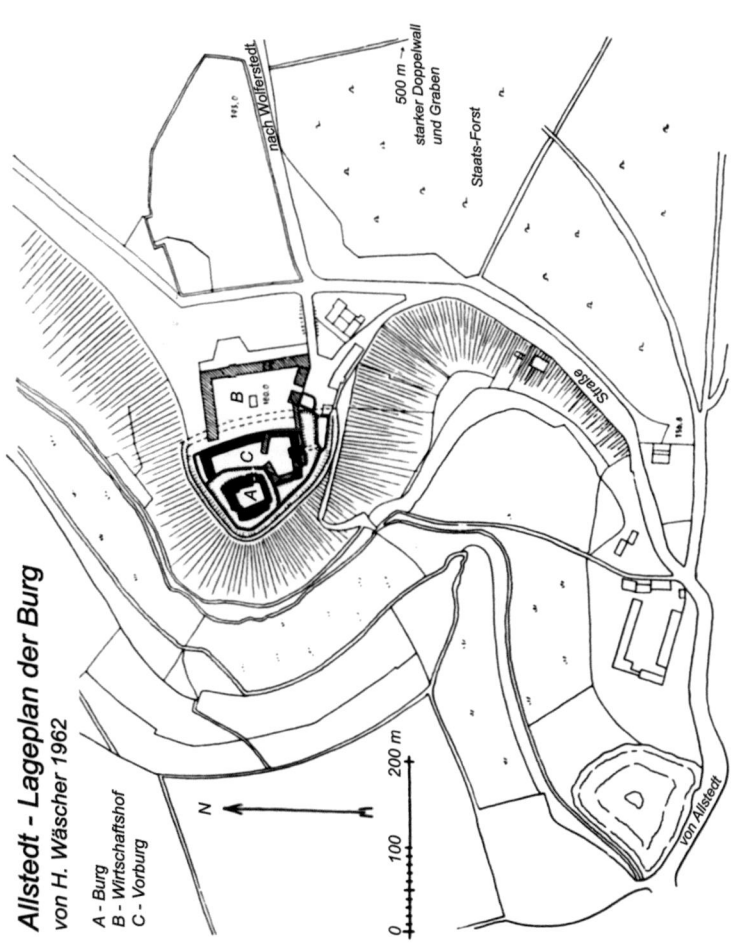

Allstedt - Lageplan der Burg
von H. Wäscher 1962

A - Burg
B - Wirtschaftshof
C - Vorburg

nach Wolferstedt

500 m → starker Doppelwall und Graben

Staats-Forst

Straße

von Allstedt

N

0   100   200 m

Die Gesamtanlage steht auf einem nach Westen aus einer Hochfläche, 180 Meter über Normalnull, vorspringenden Bergsporn und besteht aus drei Teilen. Diese sind hintereinander geschaltet als Kernburg mit zwei Vorburgen und haben zusammen eine flächenmäßige Ausdehnung von 150 x 200 Meter.

Die ältesten Teile der Anlage stammen aus der Mitte des 13. Jahrhunderts. Ältester sichtbarer Teil der Kern-Burganlage ist der Wohnturm rechts vom Eingang, der aus der Zeit um 1400 stammt.

Die Herren von Querfurt, die von 1369 bis 1496 Lehensherren der Burg waren, ließen die alte Anlage abtragen und eine Anlage in heutiger Ausdehnung errichten. Danach war Kurfürst Friedrich der Weise Burgherr, und er ließ im Wesentlichen die heutigen Gebäude erbauen. Nach dem Bauernkrieg, im Jahr 1526, kam das Amt Allstedt an den Grafen Albrecht von Mansfeld, der die zum Teil zerstörte Burg wieder instand setzte.

Aber der Mansfelder schien sich übernommen zu haben, denn seine Schulden veranlassten ihn, die Burg 1542 an die Grafen von Stolberg abzutreten. Diese waren nur bis 1575 in deren Besitz und mussten die Burg dann an die Wettiner abgeben.

Unter den sächsischen Herzögen wurde dann im Jahr 1691, durch zahlreiche bauliche Veränderungen, die Burg zum Wohnschloss umgebaut. Im Jahr 1721 folgte die Erbauung der Schlosskapelle in ihrer heutigen Form. Der barocke Schlossbau wurde von Ernst August I. von Sachsen-Weimar-Eisenach in den Jahren 1746 und 1747 veranlasst. Er konnte seine Pläne aber nicht vollenden, da er 1748 verstarb. So blieb unter anderem die Kernburg in ihrer ursprünglichen Form erhalten. Nach dem Ersten Weltkrieg ging das Amt Allstedt an den neugegründeten Freistaat Thüringen und erlebte bis zum Ende des Zweiten Weltkrieges eine wechselvolle Geschichte.

Das Schloss Allstedt ging ins Eigentum des DDR-Staates über und wird seit 1975 erstmals als Museum genutzt. Auch heute noch, nach umfangreichen Reparatur- und Sanierungsarbeiten, ist das Schloss Allstedt ein Museum zur Geschichte von Pfalz, Burg, Schloss und Ort Allstedt und beherbergt ein Schlosscafé. Die Pfalzanlage, die an der „Straße der Romanik" von Sangerhausen nach Querfurt liegt, ist auf jeden Fall einen Besuch wert. Und das nicht nur wegen ihrer Sichtweite zum Kyffhäuser, diese altehrwürdige Anlage hat viel mehr zu bieten. Genannt sei als Beispiel die spätgotische Burgküche, die mit ihrem riesigen Kamin einen der größten, erhaltenen Burgkamine Europas aufweisen kann.

Altes Schloss Klosterrode

Üblicherweise war meistens zuerst eine Burg vorhanden, aus der dann später ein Klosterstift wurde. In diesem Fall, in Klosterrode, einem Ortsteil von Blankenheim bei Sangerhausen, war es umgekehrt. Vermutlich am Anfang des 12. Jahrhunderts wurde gemäß urkundlicher Quellen von den Burggrafen von Magdeburg dort ein Kloster gestiftet.

Bei seiner Gründung wurde das Kloster Rode von Prämonstratensermönchen des „Liebfrauenkloster Berge" bei Magdeburg besetzt. Das Kloster war dem heiligen Albanus geweiht und ein Tochterkloster vom Magdeburger Kloster „Unser Lieben Frauen". Burggraf und Erzbischof Wichmann von Magdeburg übte großen Einfluss auf dieses Kloster aus.

Schloss Klosterrode um 1800, Lithographie mit einer
Ansicht von Südwesten nach einer zeitgenössischen Darstellung

Die Blütezeit des Klosters Rode, welches es zu einer beachtlichen Größe brachte, lag zwischen dem 13. und 16. Jahrhundert. Im Bauernkrieg 1525 kam das Kloster vergleichsweise glimpflich davon, es wurde erstürmt und geplündert, aber nicht zerstört. Die Mönche waren vor den aufrührerischen Bauern geflohen, dann aber ins Kloster zurückgekehrt. Später aber, um das Jahr 1540, wurde das Kloster säkularisiert und in ein Rittergut umgewandelt.

Im Jahr 1569 erwarb Otto Heinrich von Bodenhausen dieses Rittergut und riss einen Teil der Klostergebäude ab, um daraus ein repräsentatives Herrenhaus zu errichten, welches „Altes Schloss" genannt wird. Den Eingang zum Turm ziert ein schönes Renaissanceportal mit Sitznischen, über dem Eingang ist die Zahl 1569 zu lesen. Von besonderer Bedeutung ist das Refektorium, ein unterirdischer Raum, dessen Decke auf mächtigen Pfeilern ruhend wie ein Rundbogen gewölbt ist. Er erinnert an eine Krypta und wird im Volksmund „Rittersaal" genannt.

Joachim Werner von Alvensleben folgte von Bodenhausen als Besitzer. Im Jahr 1739 kaufte der Graf von Schulenburg denen von Alvensleben das Rittergut für 66.000 Taler ab und erbaute zwischen 1778 und 1783 das „Neue Schloss". Nachdem die Linie der Grafen von Schulenburg-Klosterrode im Jahr 1853 ausgestorben war, wurde das Rittergut von verschiedenen Pächtern bewirtschaftet.

Im Jahr 1936 wurde das Gut von der Siedlungsgesellschaft in 16 Bauernhöfe aufgeteilt. Das Restgut erhielt Dr. Lamprecht. Zuvor war das „Neue Schloss" gesprengt worden. Nach dem Zweiten Weltkrieg wurde das Land an Neubauern verteilt, die später in eine LPG gedrängt wurden.

Nach der Wiedervereinigung ging das Land an seine Alteigentümer zurück; dann wurde das Alte Schloss Eigentum der Gemeinde, welche seitdem versucht, dieses zu sanieren und zu erhalten. Seit 1994 bemüht sich auch der Geschichts- und Heimatverein um die Erhaltung der historischen Hinterlassenschaften des ehemaligen Klosters. Über das Bürgermeisteramt können Führungen angemeldet werden.

Burg Arnswald bei Uftrungen

Östlich der Gemeinde Uftrungen liegt der Arnsberg, der vom Arnswald umgeben ist. 290 Meter hoch ist die Bergkuppe des Arnsberges und wird Schlosskopf genannt. Dort oben, in unmittelbarer Nähe des Karstwanderweges, liegt die Ruine der Burg Arnswald. Wann und von wem die Burg erbaut wurde ist nicht bekannt.

Hauptburg von 18 x 30 Meter, die zu jener Zeit Stammsitz des gleichnamigen Adelsgeschlechts von Arnswald war, welches als Zweig der Grafen von Hohnstein angesehen wird. Viel ist uns von der Geschichte der Burg sowie von den Burgherren nicht überliefert, obwohl das Geschlecht noch heute existiert.

Aber wir kennen das Wappenschild, welches einen mit drei Rosen besetzten Schrägbalken und als Helmzier zwei mit den Rosenschrägbalken belegte Flügel zeigt.

Die erste Nachricht von ihr erhalten wir aus einer Urkunde des Klosters Walkenried aus dem Jahr 1217. Es war eine kleine Feudalburg mit einer ovalen Das Geschlecht scheint dann später in ein Lehensverhältnis zu den Grafen von Stolberg getreten zu sein. Wie eine Urkunde berichtet, wird im Jahr 1615 Heinrich von Arnswald von den Stolbergern mit einer Holzmark am Arnswald belehnt.

Arnswald bei Uftrungen / Harz - Grundriss der Burgruine
von Friedrich Stolberg 1968

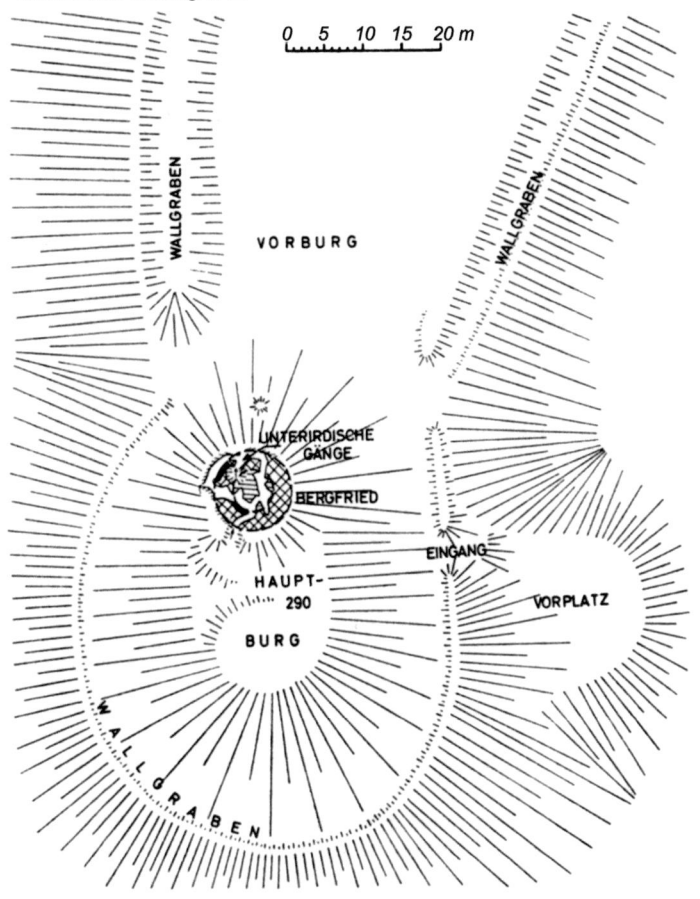

Die Burg selbst scheint aber schon früher aufgegeben worden zu sein, denn im Jahr 1483 wurde in einer Grenzbeschreibung schon von ihrem Niedergang berichtet.

Auf der Hauptburg, die mit umlaufenden Ringgraben und Vorwall umgeben ist, steht in der Mitte, auf der höchsten Stelle, der Stumpf vom einstigen mächtigen Bergfried. Dieser hatte

91

einen Durchmesser von 9,6 Meter mit 2,5 Meter dicken Mauern. Nördlich, tiefer gelegen, liegt die unregelmäßig angelegte Vorburg von 40 x 70 Meter.

Die Arnsburg bei Seega, Lr. Untere Ihr

Die Burganlage hatte im Mittelalter auf Grund ihrer geringen strategischen Lage sowie ihrer Befestigungsanlagen kaum militärische Bedeutung, was wohl zu ihrer schnellen Auflassung führte. Aber als Baumaterial war sie in den umliegenden Dörfern sehr willkommen, ihre Steine sind wohl dort verbaut worden.

Burg Hardeg

Die Kleinstadt Hardegsen liegt im Landkreis Northeim und gilt als das östliche Tor zum Solling, eines kleinen Mittelgebirges im Weserbergland. Hardegsen, das auch den Namen „Eselsstadt" trägt, liegt etwa 30 Kilometer westlich von Osterode, auf der westlichen Seite der A7 und hat seinen Beinamen von den zahlreichen Eseln erhalten, die in früheren Jahrhunderten dort gehalten wurden.

Ihren Namen hat die Stadt von ihrer Burg Hardeg erhalten. Erstmals urkundlich genannt wurde die Burg im Jahr 1266 – Burgherr war damals der Ritter Ludwig von Rosdorf.

Es wird aber davon ausgegangen, dass es die Burg oder eine Vorgängeranlage schon um das Jahr 1000 gegeben hat.

Hardegsen mit Burg Hardeg, Stich von M. Merian um 1654

Burg Bardeg in Bardegsen,
Lk. Northeim

Zu Beginn des 14. Jahrhunderts begann unter den Rittern Konrad und Ludwig von Rosdorf ein großzügiger Ausbau der vorhandenen Burganlage. In ihren Grundmaßen von 110 x 140 Meter ist sie noch heute vorhanden. Abschluss dieser groß angelegten Bauphase, der zum Ruin der Burgherren wurde, war der Bau des Muthauses. Es wurden zu jener Zeit auch neue Befestigungsanlagen sowie Wassergräben und Teiche angelegt. Das Wasser dafür wurde in unterirdisch verlegten Holzröhren von der Lunauquelle zugeführt. Ab 1324 waren die Geldsorgen der Burgherren so groß, dass sie die Burg und den Ort an Welfenherzog Otto den Quaden verpfänden mussten. Gegen Zahlung von 3.000 Göttingischen Mark wechselte die Burg den Besitzer. Ab 1379 wurde die Burg Hardeg Regierungssitz und Residenz des Fürstentums Oberwald und Göttingen. Aber nicht nur das, im Jahr 1383 verlieh Herzog Otto Hardegsen auch noch das Stadtrecht und stattete die junge Stadt mit zahlreichen Privilegien, wie Markt- und Zollrecht, aus. Auf Ottos Initiative hin wurde die Stadt auch mit einer Stadtmauer, bewehrt mit acht Wachttürmen, umgeben.

Vom Zeitpunkt des Erwerbs von Burg Hardeg, bis in die Mitte des 16. Jahrhunderts, war die Burg fast durchgehend Regierungs- und Fürstensitz und somit zentraler Mittelpunkt im Fürstentum Göttingen. Hervorzuheben ist auch, dass diese Burg so gut befestigt war, dass sie während des gesamten Mittelalters nicht erobert werden konnte.

Nach Reformation und Bauernkrieg wurde die Burg in den Amtssitz Hardegsen umgewandelt. Burgmänner und später Amtmänner führten von da an, als Vertreter der Fürsten, die Amtsgeschäfte im Amt Hardegsen mit seinen zehn Ortschaften. Die Gebäude der Anlage wurden ab dieser Zeit landwirtschaftlich genutzt, aus der ehemaligen Residenz war eine Domäne geworden.

Ab 1820 war die Burg Königlich Hannoversche Domäne, ab 1866 preußische und nach Kriegsende niedersächsische Domäne. Im Jahr 1972 kaufte die Stadt Hardegsen die Burganlage sowie die zugehörigen umliegenden Grundstücke und begann eine umfassende Sanierung und Erweiterung bis zu ihrem heutigen Aussehen.

Das 1324 erbaute Muthaus ist mit einer Höhe von 35 Metern und den Abmaßen von 25,5 x 13,5 Meter einer der größten erhaltenen Profanbauten in Niedersachsen und Wahrzeichen von Hardegsen. Einige Gebäude der Burg sowie der Bergfried sind inzwischen abgerissen. Aus den alten Steinen wurden neue Gebäude gebaut, so das Amtshaus, das heute als „Haus des Gastes" dient. Erhalten von der frühen Bausubstanz sind noch das Muthaus, das Hagenhaus sowie Teile der Burgmauer. Der Kreuzgewölbekeller und der Rittersaal wurden auf Initiative des ehemaligen Amtmannes von Jagemann restauriert und dienen heute als Veranstaltungsraum und Festsaal. Diese Räumlichkeiten vermitteln ein nahezu perfektes Bild von derartigen Burgräumen des Mittelalters und werden heute auch als Standesamt genutzt. Der zwischen Kreuzgewölbe und Rittersaal gelegene „Weiße Saal" wurde von der Stadt restauriert und dient heute als Ausstellungs-, Konzert- und Veranstaltungsraum.

Burgruinen Alt- und Neumorungen

Morungen ist ein kleines Südharzer Dorf nordwestlich von Sangerhausen, von dem es heute ein Stadtteil ist. Es liegt an der L 231, abseits der üblichen Touristenrouten, im idyllischen Molkenbachtal. Südlich liegt die Karstlandschaft Mooskammer, ein Naturschutzgebiet, das durch seine biotoptypischen Pflanzen wie Orchideen und Hirschzungenfarne besticht. Die ganze Region ist uraltes Siedlungsgebiet und stand schon im Frühmittelalter unter dem Einfluss der Franken.

Einen halben Kilometer westlich von Morungen liegt in 325 Metern Höhe, auf einer Klippe am Südhang des Bornberges, die Ruine der Höhenburg Altmorungen. Es wird angenommen, dass sich die geschichtlichen Nachrichten bis zum Jahr 1157 ausschließlich auf diese Burg beziehen. Baujahr und Bauherr dieser Burg sind nicht überliefert. Da es sich aber um eine reichsunmittelbare Ministerialenburg handelte, wenn auch um eine kleine, ist nicht auszuschließen, dass sie während des Burgenbauprogramms unter Heinrich I. entstanden ist. Die erste Nachricht von dieser Burg stammt aber erst aus dem Jahr 1030.

Ein Graf Goswin der Ältere von Leige gab seiner Tochter Sigena das Dorf Morungen sowie die Burg mit allem Zubehör als Mitgift anlässlich ihrer Heirat mit Wiprecht vom Balsamgau.

96

Beider ältester Sohn war Markgraf Wiprecht von Groitzsch, der als Vertrauter Heinrichs IV. sowie Heinrichs V. in die Geschichte einging. Dann aber im Jahr 1112 geriet Wiprecht II. mit Heinrich V. in Konflikt und musste ihm die Morunger Besitztümer übergeben, der den Grafen Hoyer von Mansfeld damit belehnte. Bereits 1115, nach der Schlacht am Welfesholz, erhielt Wiprecht sein Morunger Anwesen zurück, denn Graf Hoyer von Mansfeld war in dieser Schlacht gefallen. Im Jahr 1157 verkauften die Grafen von Groitzsch ihre Morunger Güter an Kaiser Friedrich I.. Seit dieser Zeit gab es ein Rittergeschlecht von Morungen. Diesem Rittergeschlecht entstammte auch der bekannte Minnesänger Heinrich von Morungen.

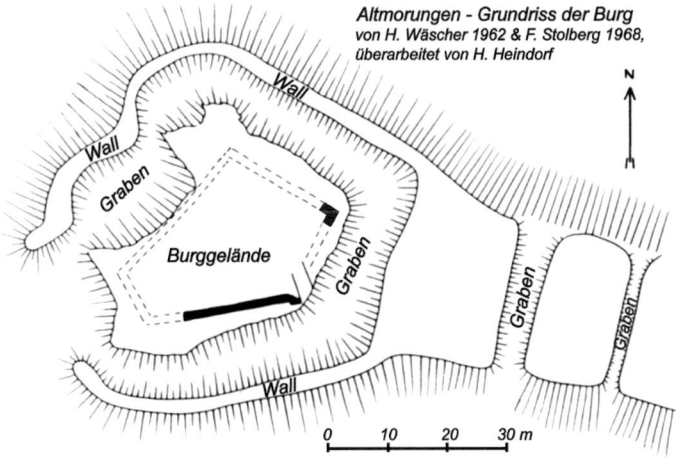

Altmorungen - Grundriss der Burg
von H. Wäscher 1962 & F. Stolberg 1968,
überarbeitet von H. Heindorf

Die frei zugängliche Burgruine Altmorungen hatte einen fünfeckigen Burgplatz von etwa 17 x 37 Meter. Von der ehemaligen Burg sind nur noch Reste der Ringmauer sowie die Grundmauern eines ehemaligen Turmes erhalten. Auch die Gräben und Wälle sind noch gut erkennbar. Am Fuße der Klippe, innerhalb des Grabenringes, gibt es eine natürliche kleine Höhle.

Etwa um 1200 hat man dann begonnen die Burg Neumorungen zu erbauen, und man geht davon aus, dass ab diesem Zeitpunkt die alte Burg aufgegeben wurde.

Die Burg Neumorungen liegt 400 Meter nördlich der Kirche Morungen in 386 Meter über Normalnull auf einer steilen Bergnase. Warum aber die neue Burg erbaut und die alte aufgegeben wurde, dazu gibt es keine Aufzeichnungen.

Neumorungen war mit den Maßen 34 x 56 Meter ihrer Kernburg fast doppelt so groß wie ihre Vorgängerburg. Platzmangel könnte also durchaus ein Grund gewesen sein. Auch Neumorungen war Reichsgut, und auch dort hatte der Kaiser seine Burgmannen sitzen. Im Jahr 1266 wird die Burg Neumorungen erstmals urkundlich erwähnt und vom Jahr 1290 gibt es eine Nennung von Burggraf Burdhard von Morungen.

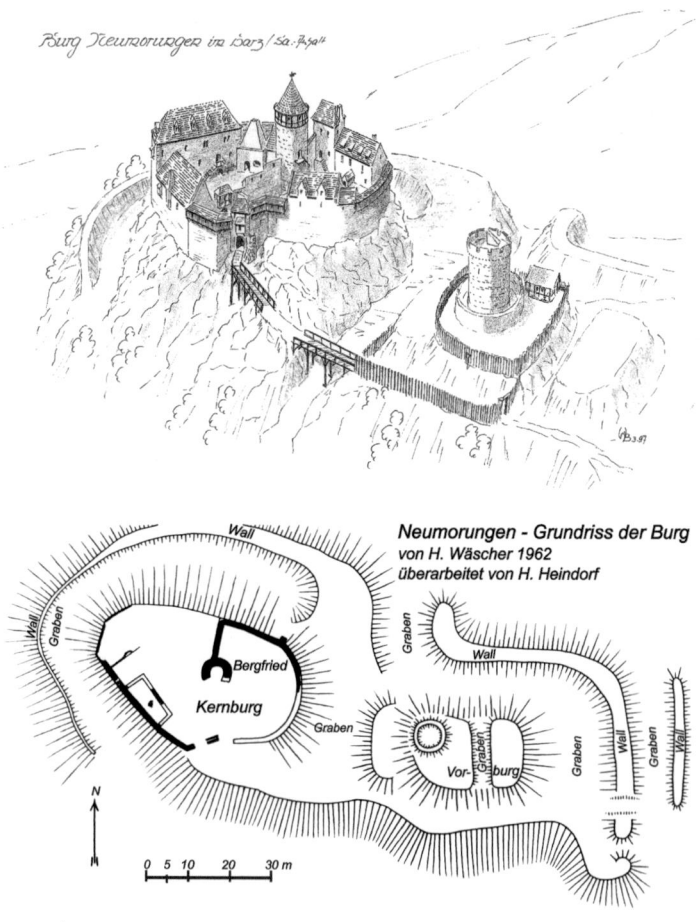

Burg Neumorungen im Harz / Sa-Ha"

Neumorungen - Grundriss der Burg
von H. Wäscher 1962
überarbeitet von H. Heindorf

Ab dem 14. Jahrhundert befand sich die Burg in wechselndem landesherrschaftlichem Besitz, wobei schwerpunktmäßig die Grafen von Mansfeld die Lehensherren waren.

Aber auch die Burg Neumorungen hatte keine lange Geschichte. Bereits nach dem Bauernkrieg wurde sie 1533 „als ganz wüst" bezeichnet. Da es für ihre Auflassung keine historischen Belege gibt, könnte es durchaus sein, dass sie im Bauernkrieg zerstört wurde.

Auch diese Ruine ist zugänglich. Von der einstigen Burg legen heute noch der etwa 10 Meter hohe Stumpf des Bergfrieds sowie die Reste der Ringmauer Zeugnis ab. Auf der gesamten Anlage, die etwa 140 Meter Länge misst, sind weitere zahlreiche Baureste sowie Gräben und Wälle zu finden.

Minnesänger Heinrich von Morungen (1150 bis 1220) werden diese beiden Burganlagen als Heimat zugeschrieben, ob dies zutrifft, ist bis heute nicht belegt.

Burg Gandersheim

Zwischen Harz und Leinetal liegt, eingebettet zwischen Berghängen, das im Frühmittelalter gegründete Gandersheim. Es war die Heimstatt des Geschlechtes der Liudolfinger, die nach ihrem Begründer Sachsenherzog Liudolf benannt wurden. Auch kann man sagen, es war der Tiegel des Heiligen Römischen Reiches, das die Ottonen, die ja Liudolfinger waren, aus dem karolingischen Ostfrankenreich herausbildeten. Herzog Liudolf war ein Urenkel von Karl dem Großen und auch von Sachsenherzog Wittekind. Es heißt, sein Großvater Bruno war der Gründer des heutigen Gandersheimer Stadtteils Brunshausen und auch Gründer des dortigen Klosters. Die erste urkundliche Nachricht haben wir

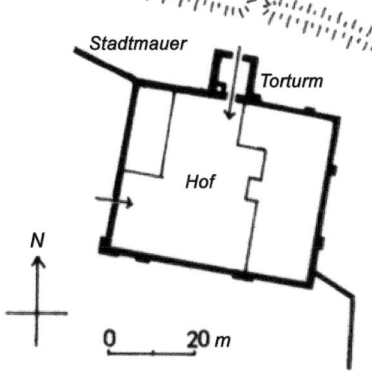

Gandersheim - Grundriss der Stadtburg
von F.-W. Krahe 1996
nach Kunstdenkmäler v. Braunschweig, Bd. 5

Stadtmauer

Torturm

Hof

N

0   20 m

aber aus dem Jahr 852, in dem Liudolf und seine Gemahlin Oda das Stift Gandersheim gegründet haben.

Schloß in Gandersheim 'ds
n. Merian

Schnell erlangte das Gandersheimer Stift Macht und Einfluss und wurde reich begütert. Die Braunschweiger Herzöge, die eng mit den Liudolfingern verwandt waren, hatten damals die Schutzherrschaft über das Gandersheimer Gebiet. Sie sahen die wachsende Machtfülle des Stiftes als Gefahr für ihr Amtsgebiet. Um dem entgegen zu wirken und ihre Landeshoheit demonstrativ zu zeigen, bauten die Herzöge in Gandersheim eine Wasserburg. Diese wurde erstmals im Jahr 1347 als „Slot Gandersheim" erwähnt. Unter den Herzögen Heinrich dem Älteren und Heinrich dem Jüngeren wurden von Mitte des 15. bis Mitte des 16. Jahrhunderts zahlreiche Um- und Erweiterungsbauten vorgenommen. In jener Zeit (von 1489 bis1568) wurde auch das Bett der Gande, an der die Burg lag und die ihre Sicherungsanlagen mit

Wasser versorgte, nordwärts verlegt. Fortan war die Burg durch einen Wall vom Wasser getrennt.

Bekannt wurde das Schloss Gandersheim durch die weithin bekannte Affäre von Herzog Heinrich dem Jüngeren von Braunschweig-Wolfenbüttel mit Eva von Trott. Sie war 45 Jahre lang die Geliebte des Herzogs und gebar ihm zehn uneheliche Kinder. Die junge Eva, aus der hessischen Adelsfamilie von Trott zu Solz, kam als 16-jährige an den Wolfenbütteler Hof und wurde schnell die heimliche Geliebte des Herzogs. Lange konnte die Beziehung geheim gehalten werden, da Eva von Trott ihre Kinder heimlich auf der Stauffenburg zur Welt brachte. Von Dauer war aber die Geheimhaltung nicht und seine Gemahlin wie auch die Familie derer von Trott drängten auf eine Lösung.

Diese fiel aber höchst subtil aus, denn der Herzog arrangierte eine Scheinbeerdigung in Gandersheim und verbrachte seine Geliebte heimlich auf die Stauffenburg, wo er sie häufig besuchte. Um ungebetene Besucher von der Stauffenburg fernzuhalten, wurden Spukgeschichten verbreitet. Evas Odyssee fand erst im Jahr 1558 ein Ende, als der Herzog ihr eine Wohnung im Kreuzstift von Hildesheim verschaffte. Seine zehn unehelichen Kinder wurden von ihm als „von Kirchberg" geadelt und versorgt. Diese Liaison fand Eingang in die Geschichtsbücher.

In der Folgezeit wurden Um- und Anbauten durchgeführt, alte, im Verfall befindliche Gebäude abgerissen und durch neue ersetzt. Heute sind leider keine ursprünglichen oberirdischen Bauten mehr vorhanden. Die heutige Burganlage macht den Eindruck eines 16. Jahrhundert erbauten Amtssitzes. Genutzt wird sie als Amtsgericht sowie für die Durchführung kultureller Veranstaltungen.

Burg Lutter am Barenberge

Sie ist wohl uralt, und sie war ein mächtiges Bollwerk im nordwestlichen Harzvorland, die Burg Lutter. In einem Becken, das vom Harz und seinen nördlich vorgelagerten Höhenzügen eingeschlossen ist, dort wo seit vorgeschichtlichen Zeiten der alte Handelsweg von Norden am Harz vorbei nach Süden führte, in dieser bedeutenden, strategischen Position liegt sie. Regional bedeutend war sie schon immer, aber Eingang in die Geschichtsbücher fand sie erst durch den Dreißigjährigen Krieg.

Aber der Reihe nach! Die Region des Lutterbeckens war durch ihre Fruchtbarkeit und geschützte Lage schon in frühgeschichtlicher Zeit besiedelt. Um die Zeitenwende werden die römischen Legionen unter Drusus und Germanicus auf ihrem Weg zur Elbe wohl auch dort entlang gezogen sein. Später folgten die Franken unter Pippin und Karl dem Großen in ihren Sachsenkriegen.

Burg Lutter am Bärenberge b. Goslar um 1450 (as.)

Wann die Burg Lutter an ihrem heutigen Standort erbaut wurde, ist nicht überliefert, auch den Bauherren kennen wir nicht. Erstmals genannt wird der Flecken Lutter im Jahr 956 in einer Urkunde von Otto I., in der er dem Reichsstift Gandersheim seinen Besitz „an der Mark Lutter" bestätigte. Um 1000 schenkte Otto III. dem Bischof von Paderborn Ländereien bei Lutter. Wenn ein Flecken in einer kurzen Zeitspanne zweimal in kaiserlichen Dokumenten genannt wurde, so können wir davon ausgehen, dass er von einer gewissen Bedeutung war und dass er schon durch eine Fluchtburg gesichert war. Auch wird angenommen, dass es unweit der heutigen Burg Lutter eine Vorgängeranlage gab. Genannt wurde die Burg erstmals im Jahr 1152, wo sie bei Auseinandersetzungen zwischen Heinrich dem Löwen und Albrecht dem Bären zerstört worden sein soll. Als strategisch bedeutend, scheint sie aber unmittelbar wieder aufgebaut worden zu sein. Es wird davon ausgegangen, dass der noch heute erhaltene Bergfried sowie die noch heute sichtbaren Ausmaße der Burg und ihrer Gräben und Wälle aus jener Zeit stammen.

In den folgenden Jahrhunderten war die Burg Lutter ständiges Streitobjekt zwischen den welfischen Herzögen und den Hildesheimer Bischöfen. Wechselseitiger Besitz kennzeichnet die Lage bis zum Ende der Hildesheimer Stiftsfehde im Jahr 1523. Im Jahr 1259 erwarb der Hildesheimer Bischof Johann die Burg durch Kauf, aber bereits 1307 erscheint Herzog

Heinrich der Wunderliche als Eigentümer. Nach dessen Tod im Jahr 1323 wurde die Burg Lutter erneut vom Hildesheimer Stift gekauft, wo sie die folgenden 200 Jahre verblieb. Über lange Zeit, von 1189 bis 1406, erschienen in zahlreichen Urkunden die Herren von Lutter. Sowohl die Hildesheimer Bischöfe als auch die welfischen Herzöge setzten zur Verwaltung und Sicherung der Burg Burgmannen ein, die hier aufzuführen eine ganze Liste füllen würde.

Burg Lutter am Barenberge - Ausschnitt aus dem Dorfaufriss von 1756 mit Grundriss der Burg
gezeichnet von Lisa Berg nach Niedersächsisches Staatsarchiv Wolfenbüttel 1756 überarbeitet von H. Heindorf

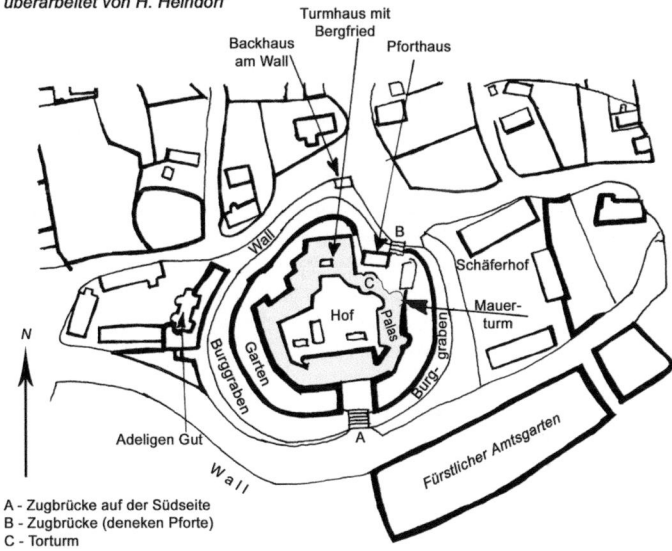

A - Zugbrücke auf der Südseite
B - Zugbrücke (deneken Pforte)
C - Torturm

Nach Beendigung des Regionalkrieges zwischen den Welfen und dem Stift Hildesheim im Jahr 1523, der als Hildesheimer Stiftsfehde in die Geschichtsbücher Eingang fand, ging die Burg Lutter endgültig an das Herzogtum Braunschweig-Wolfenbüttel über.

Dann, zu Beginn des 17. Jahrhunderts, verwüstete, verheerte und entvölkerte der Dreißig-jährige Krieg (1618 bis 1648) das Land. Das Land brauchte nach diesem Krieg fast ein Jahrhundert um sich zu erholen. Am 27. August 1626 trafen im Lutterbecken die kaiserlichen Truppen der Katholischen Liga unter Feldherrn Tilly auf das protestantische Heer unter dem Dänenkönig und Herzog von Holstein, Christian IV., aufeinander. An dieser Schlacht, die als

103

Schlacht bei Lutter in die Annalen eingegangen ist, waren zirka 40.000 Soldaten beteiligt, und es gab 4.000 bis 8.000 Tote. Dänenkönig Christian war der Verlierer dieser Schlacht und konnte fliehen.

Etwa 2.000 seiner Soldaten, darunter ungefähr 200 Offiziere, versuchten sich noch auf die Burg Lutter zu retten, ergaben sich aber vor dem Belagerungsbeginn der Burg. Es wird berichtet, dass die Offiziere noch auf der Burg Lutter hingerichtet wurden.

Schon zu jener Zeit war die Burg Lutter, auf Grund der aufgekommenen Feuerwaffen, nicht mehr zeitgemäß, ihre Verteidigungsanlagen waren veraltet. Die Burg wurde schrittweise umfunktioniert, zum Amts- und Herrenhaus und zum Rittergut. Ab 1852 waren Burg, Gut und Ländereien dann staatliche Domäne, was sie bis in die 1960er Jahre blieb. Im Zuge der Aufsiedlung der staatlichen Domänen wurden die zugehörigen Ländereien an die ortsansässigen Landwirte verkauft. Für die Baulichkeiten der Burg gab es aber keine Verwendung und auch keine Kaufinteressenten. Die Gebäude begannen zu verfallen. Im Jahr 1980 gab es an der Braunschweiger Universität eine Gruppe, die eine Kommune gründen wollte. Für dieses Projekt wurde ein Standort gesucht. Die Entscheidung fiel auf die Burg Lutter. Heute, etwa 30 Jahre später, lebt auf der Burg eine weitgehend unabhängige und selbstorganisierte Kommune, die sich selbst als anarchistisch bezeichnet. Ein Projekt mit vielen glücklichen Tieren und anscheinend auch Menschen; ein Projekt, das nach drei Jahrzenten als gelungen bezeichnet werden kann. Die Luttergruppe zeigt auf, dass man auch außerhalb marktkapitalistischer Strukturen zufrieden leben und trotzdem in der Gesellschaft anerkannt werden kann. Die Burg Lutter und ihre Bewohner sind offen für Gäste, wenn die Gäste offen für sie sind.

Burg Ilsenstein

So wie das gesamte Ilsetal, über dem die Burg Ilsenstein einst thronte, ist auch sie von Sagen und Mythen umwoben. Dass sie überhaupt zu Anfang des 11. Jahrhunderts erbaut wurde, ist auf Kaiser Otto III. zurückzuführen, der die damalige Reichsburg Ilsenburg im Jahr 998 an Bischof Arnulf von Halberstadt verschenkte. Zweck dieser Schenkung war die Einrichtung eines Benediktiner-Klosters.

Nachdem die Schenkung im Jahr 1007 rechtskräftig war und die Ilsenburg zum Kloster umgebaut wurde, ergab sich die Notwendigkeit der Schaffung einer Ersatzburg, denn der König wollte auf seine geliebten Harzjagden nicht verzichten. Als geeigneter Standort einer königlichen Jagdpfalz für die nahe liegenden Jagdforsten wurde der Ilsestein ausgewählt.

Die neue Burg wurde dementsprechend ausgelegt und war gleichzeitig königliche Vogtei über das Kloster Ilsenburg, um diesem Schutz zu bieten.

Doch schon bald kam es zu ersten Spannungen zwischen den weltlichen Burgherren und den kirchlichen Würdenträgern des Klosters. Auch soll die Burgbesatzung während des Sachsenkrieges Heinrichs IV. gegen das Kloster vorgegangen sein. Eine Brandschicht lässt darauf schließen, dass die Burg Ilsenstein in dieser Zeit erstmals zerstört, aber wiederaufgebaut wurde. Überliefert ist, dass Bischof Buko II. im Jahr 1087 beim Kaiser Klage erhob, weil es von Seiten der Burgbesatzung zu ständigen Übergriffen auf das Kloster kam. Aber der König schien nicht eingegriffen und die bischöfliche Klage ignoriert zu haben, denn die Übergriffe nahmen kein Ende. Noch einmal wurde 1105 das „castrum Ilsinestein" genannt, bevor es 1107 durch Erzbischof Adelgot von Magdeburg und Landgraf Ludwig den Springer von Thüringen endgültig zerstört wurde.

Ilsenstein bei Ilsenburg /Sa.-Ay.

105

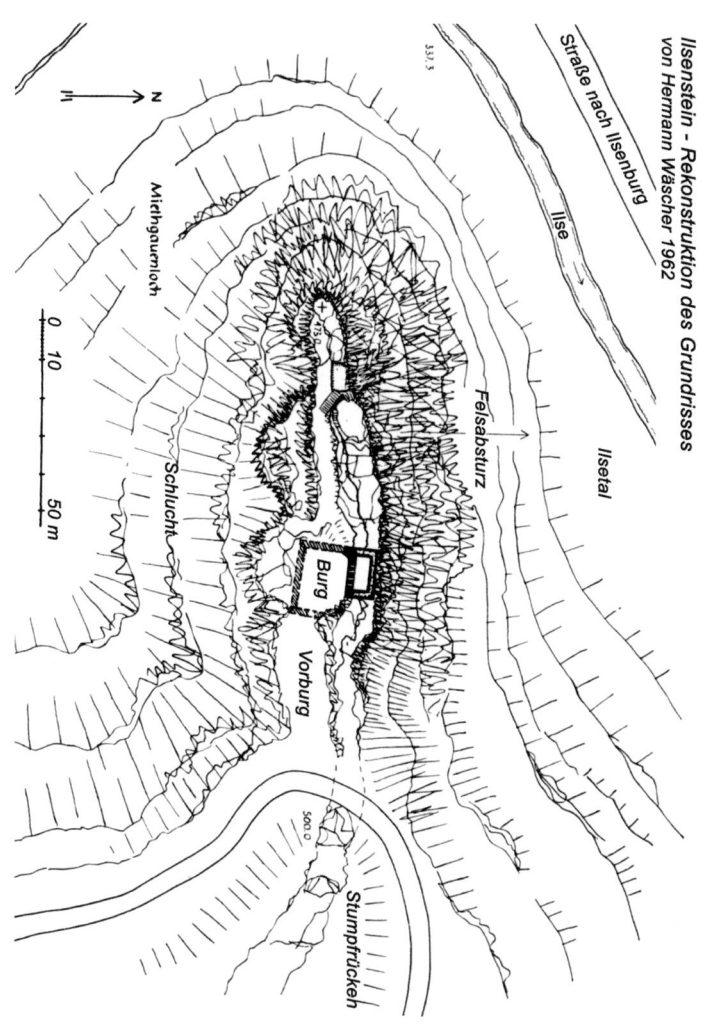

Ilsenstein - Rekonstruktion des Grundrisses
von Hermann Wäscher 1962

Straße nach Ilsenburg

Ilse

Ilsetal

Felsabsturz

Mirthgaumloch

Schlucht

Burg

Vorburg

Stumpfrücken

N

0 10 50 m

106

Die Burg, die auf einem schmalen Felsgrat des Ilsesteines etwa 150 Meter über dem östlichen Ufer der Ilse thronte, wurde dann über die Jahrhunderte vergessen. Eine Wiederentdeckung sowie ab 1957 vorgenommene Ausgrabungen rückten die Burg erst wieder in den Blick der Öffentlichkeit. Obwohl geländebedingt auf diesem Ilsesteingrat nur wenig Bauplatz vorhanden war, hat man diesen bautechnisch optimal genutzt, so dass davon ausgegangen wird, dass die Hauptburg einstmals etwa 10 x 50 Meter gemessen hat. Im Zuge der Ausgrabungen wurden zahlreiche Bauteile entdeckt, die es uns heute ermöglichen, eine Vorstellung von dieser einstigen königlichen Jagdpfalz zu haben.

Burg Ilsenstein, Rekonstruktionszeichnung von H. Wäscher 1962

Heute stellt der 474 Meter über Normalnull liegende Gipfel des Ilsesteins (früher Ilsenstein) ein sehr beliebtes Wanderziel dar. Seit 1814 ziert dieses Felsmassiv ein großes gusseisernes Kreuz, das zu Ehren von Anton Graf zu Wernigerode-Stolberg errichtet wurde. Von dort oben hat der Wanderer einen einzigarteigen Blick über das Ilsetal sowie über die Stadt Ilsenburg und das nordwestliche Harzvorland. In unmittelbarer Nähe zum Ilsestein befindet sich das kleine Waldgasthaus „Zum Ilsestein", wo sich der Wanderer nach dem nicht ganz unbeschwerlichen Aufstieg eine Rast gönnen kann.

Das Schloss Elbingerode

Schloss Elbingerode – Stich von M. Merian um 1650

Elbingerode als Ort wurde vermutlich erstmals, in einer Urkunde von Papst Innozenz III. für das Stift Gandersheim im Jahr 1206, als „Alvelingeroth" genannt. Da der Ort aber in der Region des ottonisch-salischen Jagdhofes Bodfeld liegt, und auch das Grundwort -rode oder -ingerode auf eine ältere Gründung hindeutet, kann eine Gründung schon vor dieser Nennung vermutet werden.

Auch wird über Elbingerode berichtet, dass sein Name von dem elbischen Stamm der Albinger abgeleitet wurde, der um das Jahr 1074 auf der Harzhochfläche angesiedelt wurde, um die Region wirtschaftlich zu erschließen. Beweise für diese These gibt es nicht. Indes ist erwiesen, dass schon im Früh- oder Hochmittelalter dort Eisenerz abgebaut und auch verhüttet wurde. Da diese Erzvorkommen von großer strategischer Bedeutung für die Königshäuser jener Zeit waren, kann angenommen werden, dass sie auch durch Burgen geschützt wurden.

War die Hochharzfläche bis in das Jahr 1115 Königsgut, so änderte sich das nach der Schlacht am Welfesholz zwischen Heinrich V. und den sächsischen Edelleuten.

Zunehmend gewannen Partikulargewalten an Bedeutung, und es bildete sich eine Anzahl miteinander rivalisierender Grafengeschlechter. Daraus resultierend zählte dieses Gebiet der Hochharzfläche bis ins 19. Jahrhundert zu den am meisten zersplitterten Regionen Deutschlands. Dadurch ist auch die Lehensgeschichte von Ort und Burg Elbingerode schwer überschaubar und hoch kompliziert.

Wann und von wem letztendlich die Burg Elbingerode erbaut wurde, ist bisher nicht bekannt. Im 13. Jahrhundert waren wohl die Hohnsteiner, die Blankenburger und die Regensteiner Grafen Lehensherren des Gebietes. Dass die Burg zu jener Zeit schon bestanden hat, ist anzunehmen, denn es wurde eine gräfliche Vogtei erwähnt. Eine Ersterwähnung als Castrum Eluchingerode stammt aus dem Jahr 1308.

Im Jahr 1319 wurde das Elbingeroder Lehen vom Stift Gandersheim an die Grafen von Regenstein übertragen; im Jahr 1344 wurde unter den Wernigeröder Grafen erstmals ein „Slos" in Elbingerode genannt.

Als Lehensherren folgten unter anderen die Grafen von Heldrungen und über den langen Zeitraum von 1427 bis 1564, als Erben der Wernigeröder Grafen, die Grafen von Stolberg. Diese nahmen auch um das Jahr 1514 den Neubau des Wohnbaues als Renaissance-schloss vor. In den folgenden über zweihundert Jahren wurden immer wieder Erneuerungen und Verbesserungen am Schloss vorgenommen. Von Gustav Lindemann wurde in seiner

„Geschichte der Stadt Elbingerode" aus dem Jahr 1909 eine ausführliche Beschreibung des Schlosses nebst Inventar für das Jahr 1628 vorgelegt.

Elbingerode - Grundriss der Burg
von H. Wäscher 1962
überarbeitet von H. Heindorf

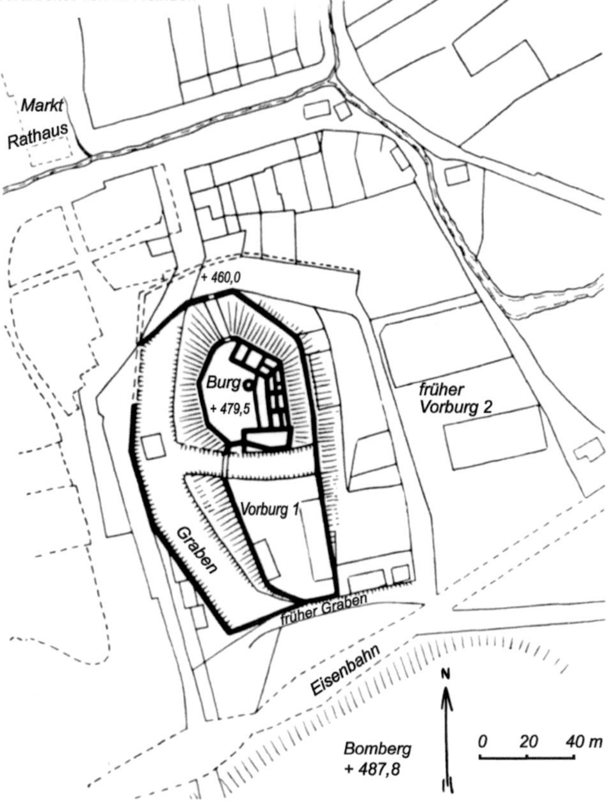

Markt
Rathaus

+ 460,0

Burg
+ 479,5

früher
Vorburg 2

Vorburg 1

Graben

früher Graben

Eisenbahn

N

Bomberg
+ 487,8

0   20   40 m

Im Jahr 1753 kam es dann zu einer gravierenden Zäsur, ein Stadtbrand vernichtete das Schloss sowie große Teile Elbingerodes. Das Schloss hatte zuvor das Ortsbild geprägt. Fortan prägte die Schlossruine das Bild der neuen Stadtstruktur. Das Alte Schloss wurde zwar nicht wieder aufgebaut, das Amt Elbingerode brauchte aber ein Amtshaus, und das wurde am Fuße des Schlossberges errichtet.

Die ehemalige Kernburg war ein unregelmäßiges Vieleck von 35 x 50 Meter und nach romanischem Grundschema erbaut. Umgeben war sie von einer mächtigen Ringmauer. Im Innenbereich befand sich ein freistehender runder Bergfried. An die Ostseite der Ringmauer waren die Wohngebäude gefügt. Südlich der Kernburg befand sich eine Vorburg, die um das Jahr 1739 mit einem Gutshof überbaut wurde. Ein umlaufender Graben sicherte die Anlage und ist an der West- und Südseite erhalten. Von der Kernburg sind nur noch Mauerreste der Ringmauer und der Wohngebäude erhalten sowie die Keller der Wohngebäude. Der Schlossberg in Elbingerode ist durch einen Aufgang begehbar.

Die Schnakenburg in Wernigerode

Von den Ursprüngen des Ortes Wernigerode gibt es nur Sagen, Mythen und Legenden, aber keine schriftlichen Quellen. Das gilt auch für das Geschlecht der Wernigeröder Grafen. Es konnte bis heute nicht geklärt werden, weshalb zu Beginn des 12. Jahrhunderts der aus Haimar bei Hildesheim stammende Graf Adalbert dort im Jahr 1103 erstmals als solcher und im Jahr 1121 unvermittelt als Adelbertus comes de Wernigerode genannt wurde. Zusammen mit dieser ersten Nennung eines Wernigeröder Grafen fällt auch die erste Nennung des Ortes. Als ältester Kern Wernigerodes wird heute die Schnakenburg angesehen, die als frühmittelalterlich gilt und eine Wasserburg nahe der Holtemme war.

Die Burganlage liegt nahe der St. Sylvestri-Kirche im Südteil der Altstadt, ihre Burgreste wurden im Jahr 1805 abgerissen. Ein Teil der Burganlage ist bis heute noch in dem Haus Gadenstedt (Oberpfarrkirchhof 13) erhalten geblieben. Möglicherweise war diese Burganlage ein Sitz der Grafen von Heymar. Die Burganlage war ein ovaler Burgring von 28 x 40 Metern, der – so die Überlieferung – im Jahr 1544 von Wall und Wassergraben umgeben war. Das Burggelände war damals Eigentum des Wernigeröder Kapitels, das im genannten Jahr die Schnakenburg an den Amtsschösser Mathias Lutterroth verkaufte. In dessen Besitz blieb die Burg aber nicht lange, denn bereits im Jahr 1573 erbaute Dietrich von Gadenstedt einen herrschaftlichen Hof auf der Anlage, die den Namen Schnakenburg erhielt und bis zum Anfang des 19. Jahrhunderts Bestand hatte.

Haus Gadenstedt (Oberpfarrkirchhof 13) – Foto Bernd Sternal

Die Pagenburg

Zwischen Lutter am Barenberge und Neuwallmoden liegt der 290 Meter hohe Pagenberg im nordwestlichen Harzvorland. Auf dem Gipfel dieses Berges liegt die Pagenburg. Es handelt sich dabei um eine uralte Fliehburg, die wohl im frühen Mittelalter entstanden ist. Der Berg ist noch heute ein beliebtes Wanderziel für die Einheimischen, aber Touristen trifft man dort eher nicht. Oben auf der Bergkuppe sind die Spuren menschlichen Schaffens noch eindeutig zu erkennen. Der kleine Burgplatz auf der Bergkuppe hat die Form einer halben Ellipse mit den maximalen Abmaßen von 50 x 20 Meter. Der Burgplatz ist nach Norden, Osten und Westen durch mächtige Wälle geschützt, vor denen sich tiefe Gräben befinden. Entstanden sind die Wälle, indem man die Bergkuppe abgetragen hat. Der Südhang ist sehr steil abfallend und wurde daher schwächer gesichert. Da es sich um eine frühzeitliche Fluchtburg handelt, waren keine massiven Steinbauten vorhanden. Zwei runde Erdlöcher am westlichen Burgplatzrand sowie eines am Ostrand, deuten auf ehemalige hölzerne Turmbauten hin. Da keine erkennbaren Erdbrücken vorhanden sind, ist davon auszugehen, dass der Zugang durch hölzerne Tor- und Brückenbauten ermöglicht wurde.

112

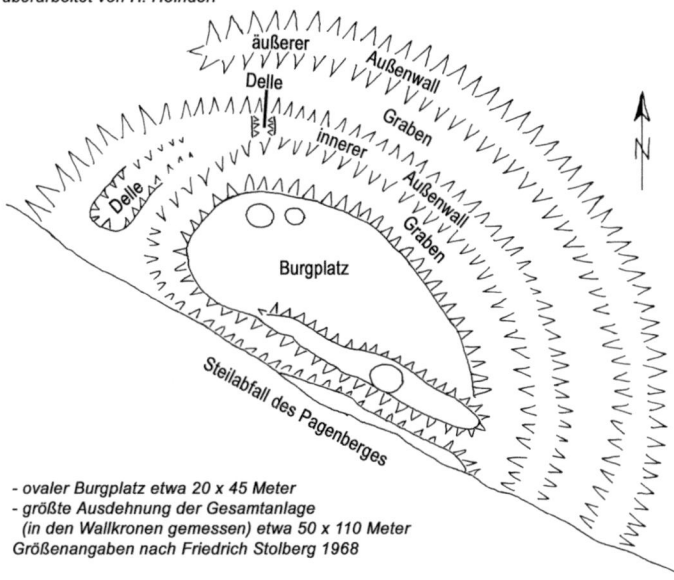

Grundriss der Pagenburg bei Könneckenrode
nach Kulturdenkmäler Hannover II 7, S.7
überarbeitet von H. Heindorf

äußerer
Delle
Außenwall
Graben
innerer
Außenwall
Graben
Burgplatz
Delle
Steilabfall des Pagenberges

N

- ovaler Burgplatz etwa 20 x 45 Meter
- größte Ausdehnung der Gesamtanlage
  (in den Wallkronen gemessen) etwa 50 x 110 Meter
Größenangaben nach Friedrich Stolberg 1968

Wer die Burg erbaut hat ist nicht überliefert. Es ist aber bekannt, dass die Herren von Wallmoden schon vor der sächsischen Kaiserzeit Herren dieses Gebietes waren. Diese waren im ehemaligen „Kantingerode", dem heutigen Könneckenrode, zu Hause und führten, dokumentiert ab etwa dem Jahr 1250, ein Wappen mit einem Pfau im goldenen Felde. Die Pagenburg wird in alten Aufzeichnungen als Pawenburg bezeichnet, was Pfauenburg bedeutet. Dieser Umstand lässt den Schluss zu, dass die Herren von Wallmoden auch die Herren der Pagenburg waren. Dorf und Burg waren sicherlich auch von großer strategischer Bedeutung, denn in unmittelbarer Nähe führte ein uralter Heer- und Handelsweg vorbei, der zum einen Richtung Südharz führte und zum anderen Richtung Goslar und nördliches Harzvorland. Somit war dieses Gebiet in frühen Zeiten sicherlich ein viel frequentiertes Gebiet. Das hatte für die Bewohner zum einen viele Vorteile, brachte zum anderen aber auch Gefahren mit sich.

Von dieser Warte aus gesehen war der Bau der Pagenburg wahrscheinlich ein notwendiges Übel, um den Bewohnern Sicherheit zu bieten. Auch sieht man sie als eine Vorgängeranlage der Burg Lutter an. Heute ist in diesem Gebiet Ruhe eingezogen. Fremde verirren sich selten in das Lutterbecken, nur die Reste der alten Fliehburg sowie die Burg Lutter zeugen heute noch von der einstigen Bedeutung dieses Gebietes.

Die Wasserburg Egeln

Die Wasserburg Egeln ist zwar ein Stück weit vom Harz entfernt, historisch betrachtet gehört sie aber zur Harzregion. Schon in vorgeschichtlicher Zeit war diese fruchtbare Bode-Niederung ein menschlicher Siedlungsraum. Da sich dort eine viel genutzte Furt durch den Bodefluss befand, kann davon ausgegangen werden, dass es auch schon sehr früh eine Befestigungsanlage gab.

Erstmals urkundlich erwähnt wurden die beiden Orte Westeregulun und Osteregulun, die das heutige Egeln bilden, im Jahr 941. In jener Urkunde schenkte König Otto I. diese beiden Orte an Siegfried, den Sohn von Markgraf Gero. Dieser besaß um jene Zeit schon die Burg Geronisroth in Gernrode, die er nach dem Tod seines Sohnes Siegfried in ein Damenstift umwandelte, um seine Schwiegertochter Hathui zu versorgen. Aus entsprechenden Urkunden des Königs geht hervor, dass das Stift zwischen den Jahren 951 und 961 gegründet wurde. Seit dieser Zeit gehörten auch die Egelner Besitzungen zum Kloster Gernrode.

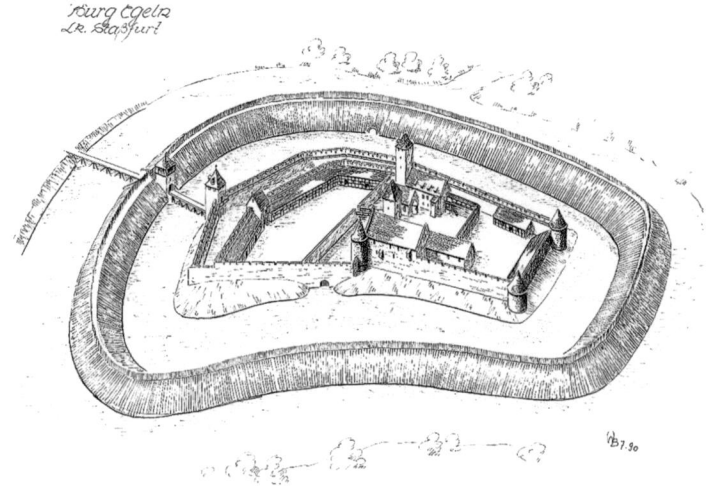

114

Ein erstes Kastell wird für Osteregulun erwähnt und soll sich zwischen zwei Bodearmen in der Bodefurt befunden haben.

Diese Furt war von großer Bedeutung, trafen doch in unmittelbarer Nähe zu ihr die Heer- und Handelsstraßen aus Goslar, Quedlinburg, Erfurt und Magdeburg zusammen. Da das Kastell mit seinen ausgedehnten Verteidigungsanlagen der weiteren Entwicklung der Siedlung im Wege stand, errichteten die Askanier, in deren Besitz Burg und Siedlungen gelangt waren, eine neue Stadt im Schutze einer neuen Burg. Diese Baumaßnahmen sind in das 10. und 11. Jahrhundert zu datieren. Erstmals urkundlich erwähnt wurde diese neue Wasserburg im Jahr 1206.

Im Jahr 1250 wurde die Burg von den Herren von Hadmersleben erobert, die dann ihren Hauptsitz nach Egeln verlegten und sich von diesem Zeitpunkt an als Herren von Egeln bezeichneten. Sie befestigten die Siedlung, verliehen ihr das Stadtrecht und nahmen umfangreiche Umbauten an der Wasserburg vor.

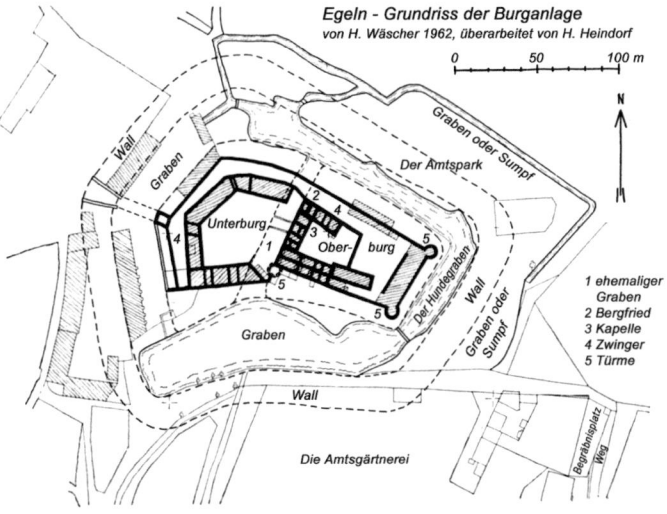

Egeln - Grundriss der Burganlage
von H. Wäscher 1962, überarbeitet von H. Heindorf

0 ——— 50 ——— 100 m

1 ehemaliger Graben
2 Bergfried
3 Kapelle
4 Zwinger
5 Türme

Das alte Kastell lag nun vor den Toren der Stadt, und auf Veranlassung von Otto von Hadmersleben gründete dort seine Gemahlin Jutta von Blankenburg das Kloster Marienstuhl.

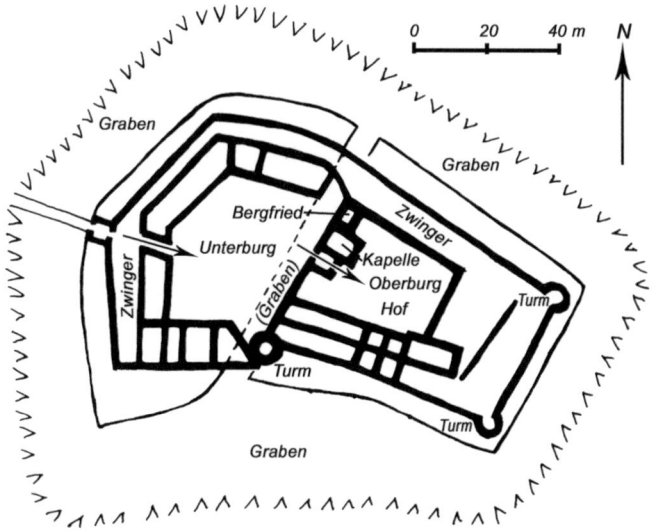

Grundriss der Wasserburg Egeln
Lisa Berg nach F.-W. Krahe, Burgen des deutschen Mittelalters 1998
überarbeitet von H. Heindorf

Die Ära der Edlen von Hadmersleben ging mit dem erbenlosen Tod von Graf Curt von Hadmersleben im Jahr 1416 zu Ende. Über die Grafen von Barby kam Egeln im Jahr 1418 an das Magdeburger Domkapitel. Dieses begann die Burg zum spätgotischen Schloss umzubauen und als Sommerresidenz und Tafelgut zu nutzen.

Im Dreißigjährigen Krieg wurde die Wasserburg dann zeitweilig Heereshauptquartier der schwedischen Armee und nach dem Kriegsende preußische Domäne.

Nach 1945 wurde die gesamte Wasserschlossanlage zum Volkseigenen Gut umfunktioniert und auf Verschleiß gefahren. Ein Interesse am Erhalt dieser historischen Anlage bestand in jener Zeit nicht. Allerdings konnte der Egelner Uhrmacher Hans Grube im Jahr 1987 mit der „Aktion Wasserburg" dafür sorgen, dass die Burggräben nicht mit Bauschutt zugeschüttet wurden. Ab 1993 wurde begonnen, das Wasserschloss Stück für Stück zu sanieren und zu restaurieren. Heute ist das Wasserschloss im Besitz der Stadt Egeln, beherbergt das Stadt-, Vor- und Frühgeschichtsmuseum und etabliert sich als kulturelles Zentrum.

Die zahlreichen Besitzerwechsel der Wasserburg führten im Laufe der Jahrhunderte zu ständigen Umbauten. Trotzdem lässt sich auch heute noch die ursprüngliche Teilung in Unter- und Oberburg deutlich erkennen. Auf einem Hügel thront die Oberburg mit Hof, deren Mauern mit drei runden Ecktürmen bewehrt sind. Der 37 Meter hohe Bergfried ist komplett begehbar und bietet eine einmalige Aussicht auf Egeln, aber auch auf Magdeburg sowie zum Harz hin.

Die Grasburg bei Rottleberode

Im Südharzer Zechsteingürtel, etwa 0,8 Kilometer westlich von Rottleberode, liegt eine Karsthochfläche, die „Alter Stolberg" genannt wird. In dem Waldgebiet auf dem „Alten Stolberg" liegt die Grasburg, eine frühgeschichtliche Fliehburg in Form einer Wallburg, von der die Wall- und Grabensysteme noch deutlich zu erkennen sind.

Über die Ursprünge der Burg gibt es keine geschichtlichen Nachrichten. Die Burg und die ihr zu Füßen liegende Wallanlage „Grasburger Mühle" werden von der Geschichtsforschung in engem Zusammenhang mit dem unter fränkischer Herrschaft zwischen 843 bis 880 entstandenen Reichshof Rottleberode gesehen.

Es gibt auch verschiedene Theorien und Annahmen, dass es sich bei der Grasburg um die Ursprungsburg der Grafen von Stolberg handelt. Einige Sagen, Mythen und Legenden geben Anhaltspunkte, dass die Stolberger von den Franken oder sogar von den Römern abstammen könnten. Wissenschaftlich lässt sich diese Theorie nicht begründen.

Die Burganlage war nach ihrer Auflassung oder Zerstörung nicht aus dem regionalen Gedächtnis verschwunden. Der Burgplatz wurde auch später wohl noch als Rückzugsort von der heimischen Bevölkerung genutzt. Vielleicht war er ja sogar erneut befestigt worden, nachdem unter Heinrich I. und seinem Burgenbauprogramm begonnen wurde, mit Stein zu bauen. Wir wissen es nicht, denn es gibt einfach noch zu wenige Erkenntnisse über diesen Standort.

Wir wissen aber, dass auf dem Burgplatz im 13. Jahrhundert eine Kapelle errichtet wurde. Überliefert ist auch, dass in dieser Kapelle bis ins 15. Jahrhundert alljährlich das Kirchweihfest begangen wurde. Danach wurde die Kapelle aufgegeben, wie zuvor die Burganlage. Heute zeugen noch die Ruinen der einschiffigen romanischen Kapelle von ihrem Dasein.

Das Schiff maß etwa 10,5 x 6,5 Meter, der Chor etwa 3,5 x 3,5 Meter, erhalten sind noch eine Giebelwand sowie Teile der Chor- und Schiffsmauern.

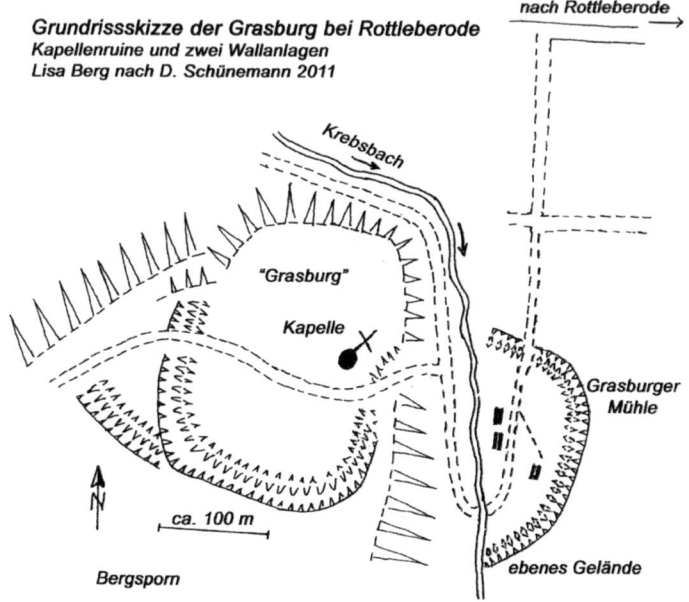

Grundrissskizze der Grasburg bei Rottleberode
Kapellenruine und zwei Wallanlagen
Lisa Berg nach D. Schünemann 2011

nach Rottleberode

Krebsbach

"Grasburg"

Kapelle

Grasburger Mühle

N

ca. 100 m

Bergsporn

ebenes Gelände

Die Grasburgruine kann gut von Rottleberode aus erwandert werden. Wie überall in dieser Karstlandschaft ist aber immer Vorsicht geboten, denn der Alte Stolberg fällt zum Krebsbachtal fast senkrecht ab und mit Ausspülungen im Zechstein ist dort jederzeit zu rechnen.

Schloss und Mausoleum Meisdorf

Im Jahr 1332 übereignete der letzte Falkensteiner Graf Burchard die Burg Falkenstein dem Domstift zu Halberstadt. Damit war das Ende der Ära des Gründergeschlechtes dieser mächtigen Harzburg eingeleitet. Im Jahr 1437 erhielten dann die Grafen von der Asseburg vom Halberstädter Domstift die Burg Falkenstein nebst Gütern als Lehen. Ab dem Jahr 1480 bekamen die Asseburger den Falkenstein dann als Erblehen und blieben bis zum Jahr 1945 in dessen Besitz. In der zweiten Hälfte des 18. Jahrhunderts waren Meisdorf und die Burg Falkenstein im Besitz des Freiherrn Achatz Ferdinand von der Asseburg. Dieser war zeitlebens Diplomat und Hofbeamter in ausländischen Diensten. Der Freiherr nutzte die Burg Falkenstein nur noch als Jagdschloss, und das Meisdorfer Anwesen entsprach nicht mehr

118

seinen Bedürfnissen und denen seiner Familie. Daher erbaute er ab 1768 ein neues, geräumiges und wenig pompöses Schloss im klassizistischen Stil. Zuvor stand an jener Stelle ein alter Gutshof der Asseburger, der bereits im Jahr 1586 errichtet wurde.

Die Herren von Asseburg hatten bereits ab dem Jahr 1708 begonnen, auf diesen alten Mauern ein Galeriegebäude zu errichten. Die Fassade des Meisdorfer Schlosses wurde dem Dorf abgewandt errichtet, war mit diesem aber durch eine 400 Meter lange Allee verbunden. Die Asseburger errichteten auch um das Jahr 1834 mitten im Ort ein Mausoleum im neugotischen Stil. Die eindrucksvolle Begräbnisstätte aus großen Backsteinen ist die letzte Ruhestätte des Schlosserbauers und seiner Familie. Heute ist dort auch eine Stempelstelle für die Harzer Wandernadel eingerichtet. Durch ein großes Gittertor kann der Besucher einen Blick ins Innere der Familiengruft werfen.

Schloss Meisdorf um 1870, Sammlung Alexander Duncker

Über einhundert Jahre sind keine nennenswerten Veränderungen am Schloss vorgenommen worden. Etwa um das Jahr 1900 wurden dann der weitläufige Park sowie das Gewächshaus errichtet, wenig später erfolgten umfangreiche Um- und Erweiterungsbauten am Schloss. Im Jahr 1910 wurde es noch um einen Turm ergänzt und 1922 durch einen weiteren Schlossflügel.

119

Heute ist das Schloss Meisdorf ein Van der Valk-Parkhotel der gehobenen Klasse, mit Golfplatz und ausgezeichneter Gastronomie.

Burg Wernigerode

Wenig südöstlich der Altstadt von Wernigerode, auf 360 m Höhe über NN, befand sich einst am westlichen Ende des Agnesberges die Burg Wernigerode. Nur von ihr soll hier die Rede sein, weil der Burggrundriss besonders bemerkenswert ist. Schon im Jahr 1121 wird ein Albertus Comes de Wernigerode genannt; 1429 starben die Wernigeröder Grafen jedoch aus, so dass Burg und Herrschaft an die Stolberger Grafen fielen.

Die Burg Wernigerode im 12. und 13. Jahrhundert
gezeichnet von Karl-Heinz Döring nach einer Rekonstruktion von H. Wäscher
Quelle: Konrad Breitenborn, Schwarzer Hirsch im goldnen Feld

Bei meiner Beschreibung der ältesten hochmittelalterlichen Bauteile folge ich Friedrich Stolberg (Befestigungsanlagen im und am Harz von der Frühgeschichte bis zur Neuzeit, Hildesheim 1968.) Wie F. Stolberg hervorhebt, ist der originale Burgcharakter durch Um- und Erweiterungsbauten des 15. - 17. Jahrhunderts bereits überdeckt worden, zusätzlich dann durch die neogotischen Schlossneubauten von 1861 - 1883 samt dem beherrschenden neuen Bergfried.

Wernigerode - Grundriss der Burganlage im 12. und 13. Jh.
gez. von H. Heindorf nach Karl-Heinz Döring
Quelle: Konrad Breitenborn, Schwarzer Hirsch im goldnen Feld

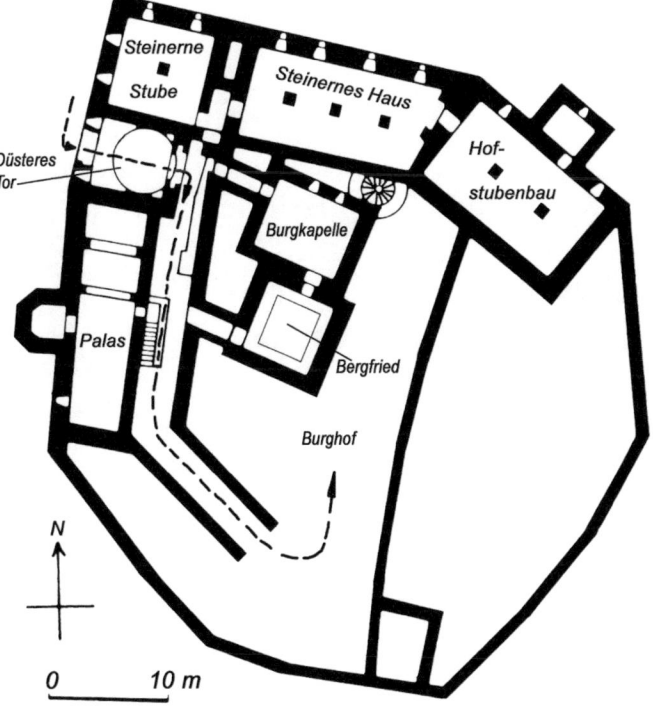

F. Stolberg folgt im Wesentlichen den Forschungen von Hermann Wäscher (Burgen östlich und nördlich des Harzes, 1957) und vor allem dessen Beitrag zu Wernigerode in dem Buch

„Feudalburgen in den Bezirken Halle und Magdeburg", Berlin 1962. Demzufolge gab es als Ältestes den romanischen Burgkern von 50 x 55 m Durchmesser, mit polygonal umlaufender Ringmauer. An diese angelehnt waren das sogenannte „Neue Haus", das „Steinerne Haus" und der „Hofstubenbau" – sämtlich aus dem 12./13. Jahrhundert – später teils mehrstöckig überbaut. Eine erste Burgkapelle und ein Bergfried von 8,4 x 8,9 m Kantenlänge vervollständigte die Bebauung; von beiden letzteren Bauten sind die Untergeschosse noch heute als Keller unter der Hofgleiche vorhanden. Zusätzlich war der Burghof durch eine Sperrmauer quergeteilt, die in Resten in einer Brüstungsmauer erhalten ist.

Die Burg Wernigerode um 1494
1 Steinernes Haus, 2 Neues Haus, 3 Schulstubenbau, 4 Neuer Turm,
5 Wehrmauer, 6 Hausmannsturm
Lichtdruck von Louis Koch, Ballenstedt, Verlag H. C. Huch, Quedlinburg 1913

Die Veste Wernigerode um 1520
1 Bastion, 2 Tor zur Bastion, 3 das große Tor, 4 Außenmauer, 5 halbrunder Wehrturm, 6
Hausmanns- oder Schusterturm, 7 Badestubentor, 8 Grauer Turm,
9 der „Wolf" (Gefängnisturm), 10 Wendelstieg (Kirchentreppenturm),
11 Neues Haus, 12 Steinernes Haus, 13 Kerkerturm mit Verlies (Hungerloch)
gezeichnet von Karl-Heinz Döring
Quelle: Konrad Breitenborn, Schwarzer Hirsch im goldnen Feld

Im 14. Jahrhundert wurde vor der Ringmauer im Abstand von 10 m eine zweite Ringmauer erbaut, nebst drei eckigen Mauertürmen und zwei Rundtürmen; dadurch entstand ein Zwinger. In den Jahren 1519 - 1527 wurde eine weitere, die gesamte Burg umgreifende Ringmauer im Abstand von 10 m angelegt. Dadurch entstand ein zweiter Zwinger, „Äußerer

Graben" genannt, ohne Mauertürme, jedoch mit einem weiteren Tor und Torturm. Zum Agnesberg-Plateau hin entstand ein gewaltiger Erdwall.

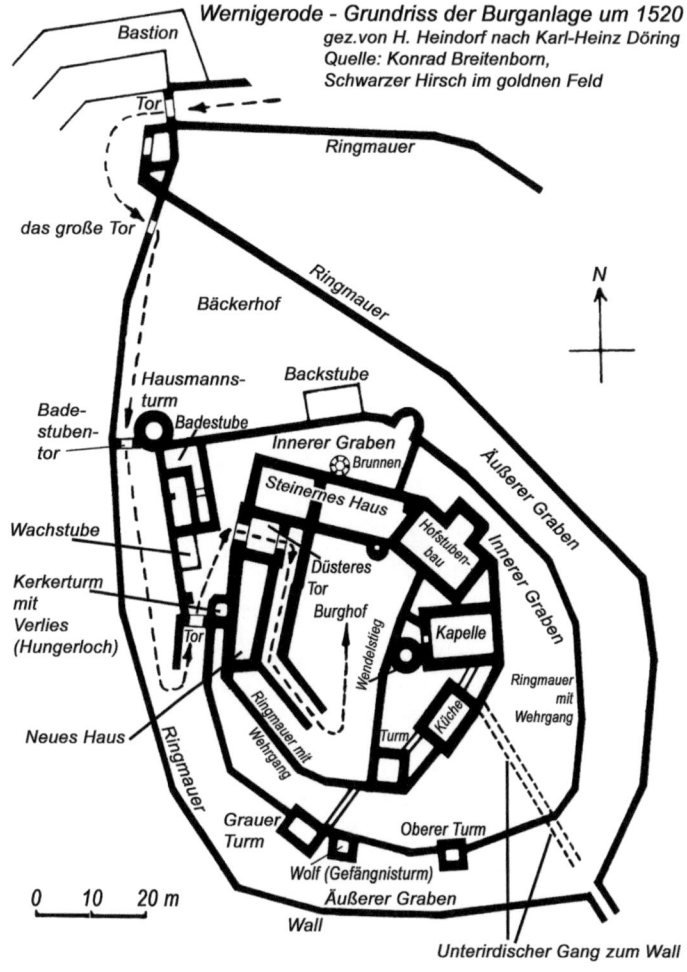

Wernigerode - Grundriss der Burganlage um 1520
gez.von H. Heindorf nach Karl-Heinz Döring
Quelle: Konrad Breitenborn,
Schwarzer Hirsch im goldnen Feld

Bastion

Tor

Ringmauer

das große Tor

Ringmauer

Bäckerhof

N

Hausmanns-turm

Backstube

Bade-stuben-tor

Badestube

Innerer Graben

Brunnen

Äußerer Graben

Steinernes Haus

Wachstube

Hofstuben-bau

Innerer Graben

Kerkerturm
mit
Verlies
(Hungerloch)

Düsteres Tor

Burghof

Tor

Kapelle

Wendelstiege

Neues Haus

Ringmauer mit Wehrgang

Ringmauer
mit
Wehrgang

Küche

Turm

Ringmauer

Grauer Turm

Oberer Turm

Wolf (Gefängnisturm)

0   10   20 m

Äußerer Graben

Wall

Unterirdischer Gang zum Wall

124

Im Jahr 1616 wurde auf der West-, Süd- und Ostseite nochmals ein Mauerring vorgelegt, so dass die Burg über 4 Ringmauern verfügte. Durch eine zusätzliche Bastion und Kasematten war die Burg schließlich als Renaissance-Festung zu bezeichnen. F.-W. Krahe gibt in seinem Werk „Burgen des Deutschen Mittelalters – Grundriss-Lexikon" (Flechsig-Verlag, 2000) den von H. Wäscher erstellten Plan deutlich wieder.

Wernigerode - Grundriss der Burg
von F.-W. Krahe aus Burgen des Deutschen Mittelalters, Grundriss-Lexikon 2000

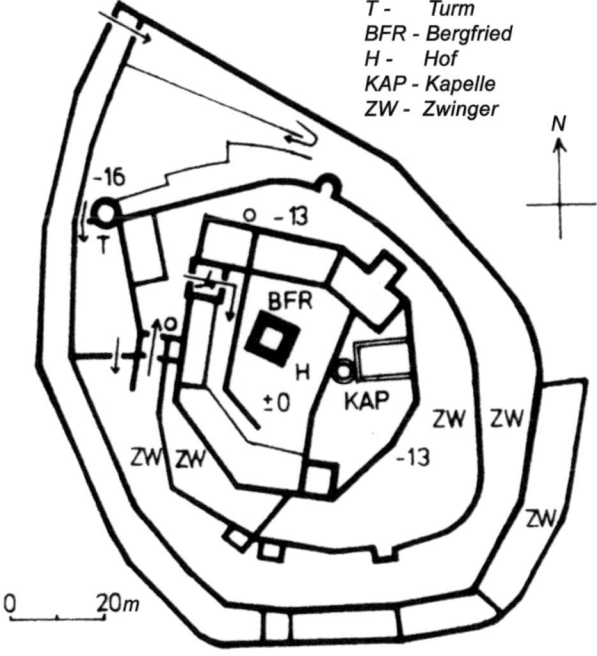

T -   Turm
BFR - Bergfried
H -   Hof
KAP - Kapelle
ZW - Zwinger

Später erfolgte der Ausbau zum höfischen Wohnschloss. Auf der Schloss-Terrasse steht eine verzierte Bronzekanone von 1521, eine weitere von 1527. Beide waren während des Dreißigjährigen Krieges vergraben worden und sind bei Bauarbeiten 1864 zufällig wieder aufgefunden worden. Heute wird das Schloss als Museum und Kultureinrichtung genutzt.

Literaturverzeichnis & Quellennachweis

s. Band 1 sowie:

B. v. d. Knesebeck, Die Rittermatrikeln des Königreichs Hannover und des Herzogtums Braunschweig, Deuerlichsche Buchhandlung, Göttingen, 1860 /Repr.1974

Dr. Behrens, Georg Henning, Hercynia Curiosa, Verlegt Carl Christian Neuenhahn, Buchhändler, Nordhausen, 1703

Breitenborn, Konrad, Schwarzer Hirsch im goldnen Feld, Der Kinderbuchverlag Berlin – DDR, Grafischer Großbetreib Sachsendruck Plauen,1988

Friedrich, Wolfgang, Mansfelder Land, Sachsenverlag Dresden, 1952

Hohnstein, Otto, Geschichte des Herzogtums Braunschweig, Verlag der Buchhandlung F. Bartels Nachf., Braunschweig, 1908

Klay, Kurt, Chronik des Fleckens Lutter am Barenberge, Selbstverlag der Gemeinde Lutter, 1965

Landesgruppe Sachsen-Anhalt der Deutschen Burgenvereinigung e.V. /Burgen und Schlösser in Sachsen-Anhalt Heft 1 – Heft 19

Loth, Helmut, Das Alte Schloß Sangerhausen, Verein für Geschichte von Sangerhausen und Umgebung e.V., 10/2010

Meyer, Werner, Burgen, wie sie wurden, wie sie aussahen und wie man in ihnen lebte, Droemer Knaur Verlag, 1982

Moritz, Karl, Chronik der Stadt Braunlage, Selbstverlag der Museumsgesellschaft Braunlage, 60-er Jahre

Pätzold, Johannes, Ausgrabungen des Braunschweigischen Landesmuseums auf dem Kanstein bei Langelsheim 1950, Harz-Zeitschrift Bd. 3 (1951) S. 59 - 66

Riebartsch, Erich, Geschichte des Bistums Hildesheim von 815-1024, Bernward Verlag, Hildesheim, 1985 van Kempen, Wilhelm, Schlösser in Niedersachsen, Verlag Wolfgang Weidlich, Frankfurt/Main,1960

von Alvensleben, Udo, Schlösser und Schicksale in Niederdeutschland, Ullstein Verlag, Berlin,1969

Zobel, Frank, Das Heimatbuch des Landkreises Goslar, Verlag der Goslarschen Zeitung, Goslar, 1928

www.wikipedia.de

**Burgen und Schlösser der Harzregion Band 1 und 2
in alphabetischer Folge**

	Band
Ackeburg, Burgruine im Selketal, 3,5 km südwestl. Meisdorf	2
Ahlsburg, Burgruine an der Ecker, 3,4 km westl. Ilsenburg	2
Allstedt, Burg und Schloss	2
Alte Burg, Burgruine in Osterode	2
Alte Burg, geringe Burgreste in Aschersleben (im Tierpark)	2
Alter Falkenstein, Burgruine westl. Burg Falkenstein	2
Altes Schloss Klosterode bei Blankenheim	2
Altmorungen, Burgruine nordwestl. Sangerhausen	2
Anhalt, Burgruine und Selkemühle östl. Mägdesprung	1
Arnsburg, Burgruine bei Seega/Bad Frankenhausen	2
Arnstein, Burgruine bei Harkerode	1
Arnswald, Burgruine bei Uftrungen	2
Asseburg, Burgruine östlich Wolfenbüttel	2
Ballenstedt, Schloss	1
Beyernaumburg, Burgruine und Schloss bei Sangerhausen	1
Birkenburg, Burgruine 4 km südl. Oker im Okertal	2
Birkenfeld, Burgruine bei Rübeland	1
Blankenburg, Schloss	1
Bündheim, Schloss (Amtshaus) bei Bad Harzburg	2
Clettenberg, Burgruine östl. Mackenrode	1
Ebersburg, Burgruine bei Herrmannsacker	1
Egeln, Wasserburg	2
Elbingerode, Burgruine	2
Elendsburg, Burgruine bei Elend	1
Erichsburg, Burgruine westl. Alexisbad	1
Falkenburg, Burgruine bei Rottleben/Kyffhäuser	1
Falkenstein, Burg im Selketal	1
Frankenburg (Hausmanns-Turm), Burgruine bei Bad Frankenhausen	2
Gandersheim, Burg	2
Gersdorfer Burg, Burgruine südöstl. Quedlinburg	1
Goslar, Kaiserpfalz	2
Goslar, Zwinger	2
Grasburg, Ringwall mit Kapellen-Ruine westl. Rottleberode	2
Grillenburg, Burgruine östl. Grillenberg	2
Hardeg, Burg in Hardegsen	2
Harkerode, Knigge-Schloss	1
Harliburg, Burgruine bei Vienenburg	1
Harzburg (Große und Kleine), Burgruinen bei Bad Harzburg	1
Harzgerode, Schloss	1
Hasselburg, Burgruine östl. Bad Harzburg	2
Hausneindorf, Burgruine	2

Weitere Bücher aus dem Verlag Sternal Media

Burgen und Schlösser der Harzregion
Autoren: Bernd Sternal, Wolfgang Braun

Das Autorenteam um Bernd Sternal versucht Ihnen mit diesen Büchern die von Mystik umwehten Relikte einer längst vergangen Zeit näher zu bringen. In einzigartiger Weise haben wir geschichtliche Fakten mit detaillierten Grundriss- und Rekonstruktionszeichnungen sowie historischen Stichen verknüpft.

Band 1: Geb. Ausgabe: ISBN: 978-3-8391-8878-1
Taschenbuch: ISBN: 978-3-8423-3947-7
Band 2: Geb. Ausgabe: ISBN: 978-3-8423-5024-3
Taschenbuch: ISBN: 978-3-8423-7730-1
Band 3: Geb. Ausgabe: ISBN: 978-3-8482-0809-8
Taschenbuch: ISBN: 978-3-8482-1841-7
Band 4: Geb. Ausgabe: ISBN: 978-3-7322-9149-6
Taschenbuch: ISBN: 978-3-7322-9181-6
Band 5: Geb. Ausg.: ISBN: 978-3-7347-3773-2
Taschenbuch: ISBN: 978-3-7347-3119-8

Die Region Quedlinburg im 9. und 10. Jahrhundert
Autor: Bernd Sternal

Von den Liudolfingern und von Markgraf Gero
Über den Allodialbesitz der Liudolfinger am Nordharz
Über den Aufstieg von Markgraf Gero
Warum die Region Quedlinburg zur Wiege des
Heiligen Römischen Reiches Deutscher Nation wurde

Wenig wissen wir bisher über die Besitzerlangung – Allodialbesitz – und die Besitzstrukturen der Liudolfingischen Sachsen in der Region Quedlinburg. Es gibt nur Mutmaßungen und
Thesen an Hand der wenigen Quellen. Nachfolgend möchte ich meine persönliche These darlegen, die auf meinen umfangreichen Studien der Harzregion des 8. - 10. Jahrhunderts, sowie in den Jahrhunderten davor, beruht.

Taschenbuch: ISBN: 978-3-7357-1972-0

Die Harz-Geschichte Autor: Bernd Sternal

Der Harz als nördlichstes deutsches Mittelgebirge war zu allen Zeiten eine Kulturscheide. Daraus entwickelt hat sich eine einzigartige Kulturlandschaft, eine Symbiose aus verschiedensten Landschaftsformen und Vegetationsstufen, einhergehend mit den unterschiedlichsten menschlichen Siedlungsstrukturen. Dieses Mittelgebirge, mit seinen Vorlanden, in all den Facetten seiner Entwicklung vorzustellen, ist Anliegen dieser Bücher.

Band 1: Von seiner geologischen Entstehung bis zur Zeit der Völkerwanderungen
Gebundene Ausgabe: ISBN: 978-3-8423-4263-7
Taschenbuch: ISBN: 978-3-8482-0263-8
Band 2: Das Früh- und Hochmittelalter:
Gebundene Ausgabe: ISBN: 978-3-8482-1339-9
Taschenbuch: ISBN: 978-3- 8482-0746-6
Band 3: Das Spätmittelalter:
Gebundene Ausgabe: ISBN: 978-3-7322-6348-6;
Taschenbuch: ISBN: 978-3-7322-6215-1
Band 4: Reformation, Bauernkrieg und Schmalkald. Krieg:
Gebundene Ausgabe: ISBN: 978-3-7357-5965-8
Taschenbuch: ISBN: 978-3-7357-5968-9
Band 5: Die Zeit des Dreißigjährigen Krieges:
Gebundene Ausgabe: ISBN: 978-3-7386-4027-4
Taschenbuch: ISBN: 978-3- 7386-3989-6

Harzer Pferdezucht im Spiegel der Geschichte
Autor: Bernd Sternal

Heute hat die Pferdezucht und Pferdehaltung in der Harzregion fast keine Bedeutung mehr – ausgenommen das Bad Harzburger Gestüt. Das war aber im Mittelalter und davor ganz anders. Obwohl wir nur wenige historiografische Belege haben und die Archäologie uns diesbezüglich wenige aussagekräftige Befunde geliefert hat, ist der geschichtlichen Pferdezucht in der Harzregion ein hoher Stellenwert zuzuweisen – der Harz war Pferdezuchtgebiet.

Taschenbuch: ISBN: 978-3-7347-7111-8

132